共智汇

上海市班主任带头人
吴晓云工作室建设『实』录

吴晓云／编著

东北师范大学出版社

长 春

图书在版编目（CIP）数据

共智汇：上海市班主任带头人吴晓云工作室建设"实"录 / 吴晓云编著. — 长春：东北师范大学出版社，2021.10

ISBN 978-7-5681-8464-9

Ⅰ.①共… Ⅱ.①吴… Ⅲ.①初中—班主任工作 Ⅳ.①G635.16

中国版本图书馆CIP数据核字（2021）第206281号

□责任编辑：石 斌 □封面设计：言之凿

□责任校对：刘彦妮 张小娅 □责任印制：许 冰

东北师范大学出版社出版发行

长春净月经济开发区金宝街 118 号（邮政编码：130117）

电话：0431-84568023

网址：http：//www.nenup.com

北京言之凿文化发展有限公司设计部制版

北京政采印刷服务有限公司印装

北京市中关村科技园区通州园金桥科技产业基地环科中路 17 号（邮编：101102）

2022年4月第1版 2022年4月第1次印刷

幅面尺寸：170mm×240mm 印张：17.25 字数：270千

定价：45.00元

主持人寄语

  当前，随着多元化价值观的冲击，学生的感恩及责任意识的培养遇到了更多的难题。为此，我们工作室把"基于感恩与责任培养的中学生综合实践活动"作为研究项目，旨在通过主题教育课启发引导学生的感恩与责任意识，通过综合实践活动鼓励学生通过多种方式，具体地感知责任，学会感恩，最终将感恩和主动承担责任作为自己人生价值观的重要组成部分。

——工作室主持人：吴晓云

工作室成员合照

目录

CONTENTS

师者风采　最美遇见

主题班会　懂得感恩

社会实践 践行感恩

共智汇
——上海市班主任带头人吴晓云工作室建设「实」录

教育随笔　感恩有您

家班共育　智慧众筹

师者风采

—

最美遇见

吴晓云

上海市第四期中小学班主任带头人吴晓云工作室

吴晓云老师

【教育格言】

希望自己的孩子能遇见怎样的老师，自己就努力成为这样的老师。

【主持人风采】

吴晓云，民进会员。德育高级教师，共康中学德育处副主任。静安区德育学科带头人。上海市第三期、第四期班主任带头人工作室主持人。

曾荣获"全国优秀教师""上海市首批教书育人楷模提名奖""上海市园丁奖""上海市十佳班主任""上海市育德之星""上海市优秀教师君远奖一等奖""高级教师金穗奖"等荣誉和奖项。

吴老师工作作风务实，充满智慧。她擅长把理性教育和情感教育完美地融合在一起，恰到好处地渗透于每个教育细节中。形成了"情感育人""规则育人""学科育人""活动育人"和"环境育人"等"五育并举"的建班育人特色，效果显著，所带班级多次荣获"区良好班集体""上海市红旗中队""上海市快乐中队"荣誉称号；培养的班干部多次被评为区、市级"优秀少先队员"；辅导的学生多次荣获"上海市优秀学生君远奖"。

吴老师坚信："理论+实践+反思"的教育科研是班主任专业化发展的必由之路。主持了"十三五"规划课题《内地西藏班"群体式"自主管理模式的行动研究》。课题研究期间，吴老师同时担任起始年级和毕业年级2个班的班主任，凸显了班级自主管理的实效。

撰写的《倾听花开的声音》一书，由上海教育出版社出版，真实记录了一个"问题班级"转变为"上海市红旗中队"的心路历程。

【总体规划】

（一）建设目标

吴晓云工作室是以民族教育为特色的优秀班主任专业发展研修共同体。

举办内地民族班是落实党的民族教育政策的政治任务。办好内地民族班有利于安定团结的政治局面的形成，有利于中华民族凝聚力的加强，有利于祖国边陲的稳定与繁荣，有利于击破国际上某些分裂主义分子与敌对势力的野心妄想。

民族班班主任工作室建设，必须坚持以社会主义核心价值体系为主导，以国家民族教育政策为依据，凸显"深入了解民族政策和背景，准确把握少数民族学生个性特点，提高民族班班主任育德能力和教育科研能力"的主题，充分发挥国际化大都市的资源优势和引领地位，培养具有坚定的政治立场、先进的育德能力、在市区有一定知名度的优秀班主任；培养具有课题研究能力、质疑反思能力和较深刻的理论认识的骨干班主任；培养具有团队合作能力、示范辐射能力和多元发展能力的班主任名师。带动、引领民族班班主任队伍专业发展，构筑上海市民族班班主任高端人才储备高地，促进上海市民族班班主任队伍能力的整体提升，为支援民族教育事业做出更大贡献！

（二）建设内容

工作室以学习力、研究力和反思力的提升为专业发展支点，以研究性、实践性、创新性和可操作性为实施策略原则，构建以"理论学习、实践研究、项目驱动"三大模块为主的课程框架，强调理论学习和实践锻炼相结

师者风采 最美遇见

合，以《基于感恩与责任意识的班级活动的设计与组织》为项目驱动，聚焦"家班共育""主题教育""志愿者社会实践"三大核心内容，开展走访名校、专题学习、以赛促研、阅读讨论等形式的培训活动。进一步加强班主任业务指导，促进班主任队伍的专业成长。

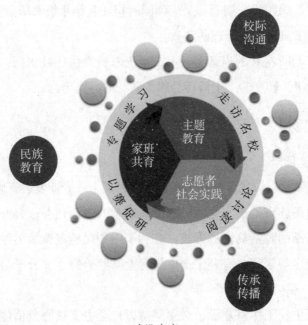

建设内容

（三）实施计划

1. 研修板块

吴晓云工作室研修板块

学习模块	通过高端讲坛和经典品读，学习党和国家的教育政策法规、德育先进理念及相关理论，提升学员理论修养和学术眼界。
实践模块	通过访学考察、实地观摩、展示辐射、热点探讨、经验总结等实践性活动，挖掘和提升内地民族班班主任建班育人的实践能力。
研究模块	以《基于感恩与责任意识的班级活动的设计与组织》为项目驱动，开展课题研究，增强工作中的科学态度与研究精神，提升学员的教育科研能力。

2. 课程设置

吴晓云工作室课程设置

板块	内容介绍	实施方案			效果呈现
		活动前	活动中	活动后	
阅读研讨	以新时期民族政策、民族背景、德育先进理念为主线，围绕时政热点开展同伴互助式的班主任沙龙研讨活动	了解教育时政热点	阅读教育经典书籍	交流分享	形成热点汇报与读书笔记
专题讲座	结合班主任工作瓶颈问题，选择相关专题讲座	积累日常工作中的问题	聆听专题报告，学习理论知识	结合班级特征进行实践运用	设计主题教育课 设计活动方案
走访名校	进行实地考察，聆听优秀班主任的经验报告，观摩主题教育活动	了解名校的相关信息	学习名校的教育理念、育人特色	在工作中进行实践运用	形成日常实践案例论文
以赛促研	以上海市班主任基本竞赛为契机，开展家班共育研究活动	积累家班共育的问题	聆听专家报告与点评	思考家班共育问题的重点与难点，寻找解决问题的突破口	形成家班共育案例论文
项目研究	以《基于感恩与责任意识的班级活动的设计与组织》为项目驱动，开展课题研究	专家引领；文献综述	专家引领；实践研究	专家引领；总结完善	活动方案设计手册汇编

（注：以上各板块内容交叉或同步进行；每次为全天，原则上每月2次，总时间约为2年左右。以上课时不包括作业时间）

（四）措施保障

为了工作室高效运转，工作室特邀上海市德育研究协会班主任专业委员会副主任、特级教师张小敏老师为工作室导师。

静安区教育局各级领导非常关心工作室的发展，为工作室各项工作能够顺利开展，可谓是有求必应，无论工作多么繁忙，总是随请随到，尽心尽力地给予指导和帮助。

师者风采 最美遇见

作为基地学校的共康中学，在李劲校长的高度重视下，学校各部门在工作室每次开展活动时都给予了贴心到位的支持和帮助，为我们工作室发展提供了重要的保障。

（五）预期成果

（1）学员能学以致用，提升教育理念，在班主任专业化发展道路上形成自身的教育特色，进而发挥辐射作用。

（2）整理主持人和学员的学习成果，形成案例集或论文集。

吴晓云工作室学员合影留念

王 伟

上海市延安实验初级中学

王伟老师

【教育格言】

教育是有技术的师爱，课堂是用专心和智慧打磨出来的。愿做学生永远的绿叶，托起你们多彩的人生。

【学员风采】

王伟老师，是一名热爱教育教学、有情怀的男教师。他注重教育教学研究，在工作实践中反思成长。他擅长以信息技术结合教育教学，曾赴美参与"哥伦比亚大学信息技术教育培训"。他关注班级凝聚力工程建设，善于捕捉学生的情绪变化，通过一系列班级活动让学生感悟成长的烦恼并积极参与班级文化建设。他给每位学生表现的舞台，发现学生的闪光点，每一次带班都能让班内学生相亲相爱。他注重家长会、班委会和家班共育的特色研究，获得家长和学生的好评。近年来，他先后获得市区级教育教学论文一、二等

师者风采 最美遇见

奖、区园丁奖、区"优秀班主任"、区"希望杯"主题教育课一等奖、区"教育教学能手"、区辅导员风采大赛二等奖、区班主任基本功大赛二等奖等荣誉。

【成长规划】

王伟的成长规划

教师个人分析	1. 热爱英语教学和德育工作，有自己的研究领域和风格。目前担任团干部，积累了较多团建活动的资源和活动组织经验。在家班共育上有一定研究，通过特色家长会和学生案例争取家长合力。 2. 校级层面参与工作类型较多，精力分散。班级管理部分工作建设乏整体性规划。英语教学上有一些瓶颈，打磨的平台相对局限。 3. 进入"吴晓云班主任工作室"，走入市级德育培训层面，进入优秀教师培养快车道。对德育工作的思考和成绩得到区域内的认可和好评。学校很关注培养年轻教师的教育教学成长，校级层面的平台较多。 4. 30岁是男教师成长的关键期，发展进入不可预测期。虽然发展方向多元，但聚焦度不够，还未形成自我明显的专业特色。近年来，在市区级获得英语教学的打磨平台较少。理论学习的过程是一个先打破再重塑的过程。我需要平衡好自己现有风格与新学知识的关系，使二者深度融合。
专业发展规划	1. 加强理论学习，形成鲜明的班主任育人特色。 2. 加强英语教学课堂行动研究，夯实基本功，以"Z课堂"要求突破瓶颈。 3. 对英语学科教学进行理论研究和广泛实践，争取两年内申报市级青年课题成功。 4. 在"吴晓云班主任工作室"得到专家好评，德育工作得到市级层面的关注和指导。 5. 把握"吴晓云班主任工作室"的学习机会，力争在德育和教学上齐头并进，有所突破。
细分目标及推进策略	教：深入研究听说课分层教学及高年级阅读教学，形成自我风格，能准确把握学生学情，以此顺利评上中级职称并力争在市区级获奖。
	德：提升德育科研能力，形成特色的德育模式和风格。定期积累德育案例和工作反思，把握各类比赛和学习机会，完善德育综合能力。
	研：依托工作室支持，确定课题研究方向，力争成功申报市级青年课题，并积极参与校级科研项目。
	阅：每学期阅读教科研相关的书籍5本，结合实际工作，撰写成论文。收集素材，撰写带班案例成册。

金丽雯

上海市杨浦区回民小学

金丽雯老师

【教育格言】

怀有尊重，拥有宽容，乐于沟通。希望能做一个诗意优雅、灵魂有爱的班主任，将幸福的种子播撒到每个学生心中，教育出有能力创造幸福生活的学生。

【学员风采】

金丽雯老师是一位善于思考的区级班主任骨干教师，她重视班级文化建设，依托学校的"和合"文化，大力弘扬民族团结教育，不断挖掘、丰富民族团结教育的资源和内涵；她是一位值得信赖的班主任，用自己的教育智慧、人格魅力，让学生、家长与学校"三位一体"，使家校合作顺利开展；她是一位有专业素养的班主任，育人路上用心用情，积极开展班主任实践活动，踏实肯干，把教育学、心理学知识运用到工作中去；她乐于学习，善于思索，勤于笔耕，是一位有志于班主任专业发展的教师。每一次耕耘，积淀的是希望；每一次浇灌，期待的是收获。近年来，她多次在区德育论文、案例评选中获奖；参加过两次杨浦区百花杯教学比赛并获奖，一次心理学科班主任主题教育课获奖，在比赛中磨炼自己，不断成长。

【成长规划】

金丽雯的成长规划

教师个人分析	1. 重视班级文化建设，依托学校的"和合"文化，大力弘扬民族团结教育，不断挖掘、丰富民族团结教育的资源和内涵。 2. 本人爱好文学，喜欢阅读书籍，随着信息化技术的飞速发展，在信息技术上学习的步伐赶不上年轻教师，熟练度和创新意识明显不够。 3. 积极参加市区各类研修培训，特别是这次吴晓云班主任工作室的学习成长。参加过两次杨浦区百花杯教学比赛并获奖，一次心理学科班主任主题教育课并获奖，在比赛中磨炼自己，不断成长。 4. 我已经迈过40岁的门槛，未来几年里我希望自己能梳理工作，整合资源，做到最好，不负韶华，形成自己独特的教育教学风格。
专业发展规划	1. 不断学习，专业提升。我积极参加区语文、道德与法治学科培训和许多网络学习的课程外，还主动报名参加了班主任工作室和家庭教育指导师培训。 2. 团队合作，资源共享。我愿意继续担任民族教育课的走教工作，依托学校的"和合"文化，努力用数字化教材上《道德与法治》以及民族校本课程。 3. 专业引领，提炼自己。我要将理论与实践结合起来，在工作中形成自己的特色，增强自己的研究意识和解决问题的思维意识。

细分目标及推进策略	教	每学期上一节《民族常识知多少》校本课程或《道德与法治》课。建设团结合作、有凝聚力的班集体，努力做出班主任特色。
	德	注重班主任专业理论学习与专业能力的提升。充分发挥辐射作用，积极参与杨浦区六一集团班主任工作、学校的带教及职初教师培训工作。
	研	积极开展教科研活动，坚持写好教育随笔，积累班主任教育案例。把所学到的理论知识运用于自己的实际工作中，有自己深刻的思考。
	阅	以自学为主，取得家庭教育指导师资格证书。准备一学期阅读2本书籍，做好读书笔记，写好读后感。订阅《读者》放床头，睡前读一读。

丁毅颖

上海市民办新北郊初级中学

丁毅颖老师

【 教育格言 】

为学生一生奠基。

【 学员风采 】

丁毅颖老师担任上海市民办新北郊初级中学初二年级数学备课组组长和2个班的数学教学等工作。所带班级曾在2015年获得虹口区"快乐中队"称号，在区里也多次开展公开课，获得各位老师的好评。任教8年来一直奋斗在班主任工作岗位上，无论是高中生还是初中生都能带领学生获得优异的成绩，班风良好。她总是告诉孩子们："学会做人，学会求知。"丁老师虽然年龄不大，但是孩子们都信任她，愿意和她敞开心扉讲述自己的开心事和困扰。作为一名数学老师，她勤勤恳恳地扑在自己的教学岗位上，经常为了学困生加班加点，希望能激起他们的学习兴趣，考取自己理想的学校，有一个

师者风采 最美遇见

· 11 ·

美好的未来。在同事眼里她是个"开心果"，无论是年轻教师还是退休教师都愿意与她一起工作，有她在的地方就一定是欢声笑语，氛围轻松。

【成长规划】

丁毅颖的成长规划

教师个人分析	1.（1）在毕业后有过初高中班主任教学经历，也在培训机构实习教学，对各类学生的学习生活都有一定的了解，对问题有一定的解决办法； （2）在学校各部门担任过不同职务，帮助学校工作高效有序地开展。 2.（1）由于目前学校的工作安排，暂时没有担任班主任工作； （2）要兼顾家庭与工作，阅读机会较少。 3.（1）学校各类职务较多，有多方面的锻炼机会； （2）参与班主任工作室培训、担任学科备课组组长、担任青年教师沙龙组长、参与绿色指标阅卷工作。 4.（1）年轻教师众多，竞争激烈； （2）有一年多没有在班主任工作岗位上； （3）各类工作较繁杂，需要进行很好的安排和协调工作。
专业发展规划	（1）运用自己在班主任管理工作上的经验多发表一些相关论文； （2）通过参与学校各类工作并结合自己的学科特点，将学科知识与德育更好地结合起来； （3）在两年中尽快将学科职称提升一个台阶，或者将德育职称提升一个台阶； （4）寻找机会参与心理教育方面的学习。

细分目标及推进策略	教	在教学中不断有所进步，在区里积极开课，扎实自己的本职工作，希望能在以后让自己在学科部得到更多的认可和奖项。
	德	积极参与到所教班级的日常管理中，将自己平时阅读及理论培训知识运用其中，希望能通过学习总结出属于我个人的一套带班理论。
	研	我想通过这两年能将这个研究计划在吴老师的带领下一起做出一份详尽的实施报告，并能得到一些学校的支持及社会实践。
	阅	我要在这两年中阅读各类书籍，包括教育类、学科类、人文类、育儿类、美食类等。希望在各领域都有所涉及。

汪　妍

上海市大同初级中学

汪妍老师

【教育格言】

爱就是教育，没有爱便没有了教育。

教学的艺术不在于传授本领，而在于激励、唤醒与鼓舞。

【学员风采】

　　汪妍老师，是一位充满热情，勇于探索的老师。在班主任工作岗位上，她踏踏实实，却又力求创新。她"以学生为本"，尊重每位学生的个体差异，理解关爱并包容学生，她班上的学生都视她为"知心姐姐"，常与她分享一些成长中的烦恼。她关注班级文化建设，用班级特色文化将学生们凝聚在一起，利用班级文化建设平台，给学生们提供了展示的机会，挖掘出他们的潜能。因为她知道，只有让学生不断地实践与体验，才能真正促进他们能力的发展。同时，对于自身专业，汪妍老师也毫不放松，她相信"宝剑锋从

师者风采　最美遇见

磨砺出",因而她抓住每次学习的机会,认真参加各类培训,乐于向他人学习,不断自我反思总结,使她前方的道路越来越宽广。近两年,她在德育工作上也颇有收获,获得了市中队辅导员大赛三等奖,区班主任技能比赛中也获得了一等奖的佳绩。

【成长规划】

汪妍的成长规划

教师个人分析	1. 不拘泥于固有教学模式,敢于创新突破,敢于展现自我,争取比赛及公开课机会。善于从学生角度出发,为人耐心。家校沟通及时,能获得家长的支持。 2. 展示平台仅限于区校层面,略显狭隘。缺乏理论实践相结合,书面钻研较少。班主任工作方法单一,班级文化培养不足,德育生涯缺乏系统规划。 3. 9年教龄,6年辅龄,让我既有一定的教学经验,又同时怀有饱满的上进心。参加了吴晓云班主任工作室,有区校级的比赛和展示的机会。 4. 专业发展上遭遇"迷茫期"。在德育上钻研提升的同时,不能怠慢专业发展,需要付出双倍的精力。	
专业发展规划	1. 德育工作中,加强理论学习,使得"育人"更有章法。 2. 班主任工作中,一手抓常规,一手抓特色,形成健全的班级文化。 3. 以学科育人,在课堂中实践德智融合。 4. 成为学校优秀教师的代表、校骨干力量。 5. 紧抓工作室机会,与组内老师互相研讨,增强业务水平,力争在更广阔的舞台上展示自我。	
细分目标及推进策略	教	针对学生英语听说活动进行钻研实践。继续推行学生泛读,提升学生英语综合实力。紧抓教学展示或学习的机会,增强自身教学实力。
	德	提升德育工作水平,除班主任常规工作外,加强班级文化特色的研究,争取更多德育上的学习机会,注重资料积累。
	研	积极申报区校级教科研课题,通过课题撰写,提高自身教科研水平,尤其是围绕德智融合、班级文化等相关话题。
	阅	每学期阅读与教科研相关的书籍2本,并撰写相应的读后感。同时关注课堂教学及班主任工作案例的阅读以及资料的收集。

金 晨

上海大学市北附属中学

金晨老师

【教育格言】

精诚所至，金石为开。

【学员风采】

金晨老师担任上海大学市北附属中学高一化学、高一年级组长等工作。曾参与区教研室高中化学有效教学研究小组的学习。现为上海市第9期青年化学教师研修班成员、静安区班主任中心组成员。任教10年来，始终奋斗在班主任工作岗位上，是学校重点培养的骨干班主任，所带班级曾获得"2011年上海市先进班集体"称号。

他秉承"用爱与智慧守望每一个学生的成长"的教育理念，始终用赏识教育激发学生生涯意识。正是抱着这种想法，每年有大批学生在高二就已经明确了个人的爱好及奋斗方向。在目标驱动下，一些原本缺乏自信的学生重

师者风采 最美遇见

拾信心，在高中阶段屡获佳绩。他始终用真心拨动学生心灵的琴弦。每当学生遇到烦恼时都愿意找他诉诉苦，聊聊家常，学生们都亲切地称他为"金爸爸"。

【成长规划】

金晨的成长规划

教师个人分析	1. 在德育教学中独当一面的骨干教师。所带班级屡获市、区级优秀班集体称号。个人获得过市"金爱心"教师提名奖、区园丁奖等。在教学中，被推荐为上海市第9期优秀化学青年教师，多次获得区级化学教学竞赛一等奖等殊荣。 2. 缺乏对学生心理状态、特征的认识和研究。在指导学生、指导青年班主任的过程中缺乏必要的方法提炼。面对不同类的学生，不能将理论与实践相结合，从而有针对性地开展教育。班级管理缺乏新意和亮点，使班级活动停留于表面。 3. 上海师范大学在职教育硕士（化学教学论）学习，提升自身教育科研能力。以静安区班主任中心组为平台，参与德育案例的撰写，提升班主任管理及育人能力。 4. 自己的个性还不够张扬。缺乏一定的胆量和魄力，以及表现的欲望。对于一些机会的把握会显得犹豫不决。
专业发展规划	1. 德育方面，找到研究的立足点和方向，使自己成为有内涵、有特色的优秀班主任。 2. 学科教学方面，通过各级各类公开课评比等，提升个人业务和在圈内的知名度。 3. 在职称方面，目前的突破口是资源的积累与能力的提升。在吴晓云老师的工作室，能让我接触到更多的优秀班主任，也可以为我将来初中的实践经历提供帮助。 4. 学历提升方面，本人于2016年考入上海师范大学（学科化学）在职教育硕士专业学习。目前已完成了课程学习、开题的论证，计划于2019年完成硕士学位的学习。

细分目标及推进策略	教	开展一次在"走班制"背景下的高中行为规范示范课。
	德	对学习、交流阶段的理论作进一步提炼。特别是在走班制背景下"新"班级建设的"变""稳""进"间的转化提炼出相应的班级管理策略。
	研	高中综改之后，初中也将陆续开展这项教育改革。因此，希望我的提炼成果能运用于初中班级管理的进程中，并具有一定的辐射推广效应。
	阅	结合自身带班情况，研读班级管理著作。阅读完2本"走班制"方面的班主任著作，提炼教学感悟。

周鸿艳

上海市第二初级中学

周鸿艳老师

【教育格言】

以心育人，将爱的种子播撒到每个孩子心田。

【学员风采】

周鸿艳老师任教于上海市第二初级中学。在教育教学工作中，她始终注重学校教育与家庭教育的紧密结合，用智慧引导学生积极创建品牌班集体。坚持以具体目标引导学生发展，以责任意识驱动学生发展，以鼓励表扬激励学生发展，以严格管理规范学生行为，以真爱之心滋润学生成长，以团结协作促进学生全面发展的优化班级德育工作的实践。所带班级先后荣获徐汇区"快乐中队"、上海市"快乐中队"、全国"优秀少先队集体"等荣誉称号。个人先后荣获"徐汇区新长征突击手"、徐汇区教育系统"育人奖"、徐汇区"中青年骨干教师"、徐汇区"十佳少先队辅导员"、徐汇区"园丁

师者风采　最美遇见

奖"、徐汇区"班主任带头人"、上海市"优秀少先队辅导员"等荣誉。指导学生多人次获得区级、市级和国家级各类作文奖项。

【成长规划】

周鸿艳的成长规划

教师个人分析	1. 担任班主任及年级组长工作多年，所带班级荣获徐汇区、上海市、全国"优秀集体"荣誉称号；年级组多次荣获区"文明组室"称号；个人获得徐汇区、上海市多项荣誉。在班主任、年级组管理工作等方面有相对丰富的实践经验。 2. 在新媒体信息技术方面的学习掌握与年轻人有较大差距；接受能力相对较慢；处于个人教育及教学工作的上升瓶颈期。 3. 参加吴晓云班主任工作室学习，通过吴老师的引领及在专家报告、参观考察、经验分享、团队训练等多种形式的课程学习及实践活动中丰富自己的理论知识，进一步增强工作实践能力。 4. 在班主任工作方面有多年的实践经验，但是在教学、德育方面独立研究课题、撰写论文等能力不强。
专业发展规划	在个人已有的德育实践工作的基础上加强理论学习，拓展自己的德育工作理论知识，能够从不同视角审视教育过程中生成的问题，培养自己捕捉问题、系统分析、自觉反思与深入研究的能力。能够结合个人德育实践工作撰写案例及德育论文，参与德育课题研究，开发校本德育课程。提升自己的专业水平、促进专业发展，使自己从一名经验型教师向研究型教师转变。在学校、区里的德育工作中起到引领、辐射作用。

细分目标及推进策略	教	阅读相关教学理论方面的书籍；积极探索、认真钻研部编版新教材；完成2篇教学论文；参加校、区"耕耘奖"评选及参与教研组校本课程建设。
	德	学习现代教育理念，总结、反思教育过程中生成的问题，完成德育材料积累；做好班主任带教工作，在校、区德育工作中起到引领、辐射作用。
	研	参与申报德育课题，撰写教育教学案例、论文；积极参与校级、区级案例、论文评比，两年内能够在区级及以上刊物上发表案例文章及论文。
	阅	每个学期坚持阅读2本以上教育教学方面的理论书籍；做好经典语句摘录，撰写感言。

李欣航

上海市时代中学

李欣航老师

【教育格言】

护长容短，与学生共成长。

【学员风采】

　　李欣航老师是上海市时代中学高级教师、班主任、年级组长、学校二级心理咨询师。曾获静安区青年教育明星、静安区园丁、静安区优秀班主任等荣誉。李欣航老师所带班级多次荣获静安区先进班集体荣誉称号。作为一名寄宿制中学的班主任，李老师知道家长选择寄宿制中学的理由虽然各不相同，但是有一点是相同的：家长们对学校、老师寄予很大的希望——希望自己的孩子在寄宿环境下能够有所改变，身心健康地成长。面对班上很多家长对自己孩子的抱怨和无奈，李老师会对问题进行分类，或多方请教，或通过阅读相关书籍给家长支招，同时不忘肯定每一个孩子身上的闪光点，阶段性

师者风采　最美遇见

教育的小成果，循序渐进地帮助孩子和家长逐渐树立信心。在这样的良性互动下，家班共育令很多问题都止于萌芽状态。家长与老师建立了尊重、理解、支持的关系，学生在时代中学的沃土上茁壮成长。

【成长规划】

李欣航的成长规划

教师个人分析	1.（1）多年来一直在班主任岗位锻炼，经验丰富；（2）作为年级组长能够团结组内老师做好各项工作；（3）工作态度严谨、认真。 2.（1）班主任专业化成长的书籍阅读较少，德育理论学习要加强；（2）主题教育课和班会课的设计能力要提升；（3）内心还不够强大。 3.（1）吴老师班主任工作室的学习和锻炼；（2）区班主任中心组的学习和锻炼。 4.作为一线班主任，如何兼顾好教学和领衔？如何开拓更多课程资源。	
专业发展规划	1.提升德育论文写作能力。 2.提升主题班会设计能力。 3.参加区、市班主任基本功大赛。	
细分目标及推进策略	教	1.尝试基于问题的德育论文写作。 2.每个学期能认真设计并上好一节主题班会课或行规教育课。
	德	1.班集体、年级组建设等。 2.申报区班主任工作室（或校班主任工作坊），组建团队。
	研	1.积极参与区各组织有关的工作。 2.个性化研究阶段工作，整理研究素材、反思研究进行等。
	阅	1.阅读通识及班主任相关书籍。 2.撰写读书感言（5+100）。

陈 敏

上海市彭浦初级中学

陈敏老师

【教育格言】

关心学生，潜心教学。

【学员风采】

陈敏老师长期担任班主任和英语备课组长一职，在教学和论文评比中屡获佳绩。她脚踏实地地工作，伴随着改革创新的思想，所带班级教学成绩突出，多次荣获校优秀班主任称号。

2014年曾代表学校参加区行规教育课堂展示并获二等奖。2015年个人研究课题《初中英语有效性作业的探究》被列入上海市市级青年课题并顺利结题。2016年在全国创新课堂展示风采大赛中，荣获全国观摩课一等奖。她撰写的读后感文章被《现代教学》评为2018年优秀论文三等奖，同年在全国初中英语基本功大赛中脱颖而出，荣获一等奖，当年被评为区年度优秀教师。

师者风采 最美遇见

【成长规划】

陈敏的成长规划

教师个人分析	1. 具有很强的专业知识和一定的工作经历。对德育有兴趣，并能时常关注教育类新闻运用于教学实践。能积极参加这方面的其他培训进修。由于年龄特点，能与时俱进，熟练运用各种媒介。 2. 从教资历尚浅，教学经验尚欠缺。理论功底欠深厚，德育科研成果有待进一步积累。 3. 随着本校深入的强校工程计划，可以接触到更多优秀的德育精英，向他们不断学习，积累经验。同时借助带教，和更多资历尚浅的青年教师互助成长，辐射影响。 4. 根据上级指示，近年来广泛涉猎的德育主题为家班共育，我对此涉及较少，没有深入思考。
专业发展规划	1. 能熟练驾驭课堂，形成自己独特的有借鉴性的带班特色。 2. 努力学习更多德育理论基础知识。 3. 能在市区级公开展示德育风采。 4. 提升科研水平，撰写德育课题论文并争取发表获奖。 5. 力争向市区层面的德育骨干靠近。 6. 辐射影响，集合互助更多德育团队老师。

细分目标及推进策略	教	立足于课堂质量，关注课堂效率，打造真正的高效课堂。同时基于学情，与我校英语组深入研究拓展阅读课程的编撰。
	德	将自己在工作室的一些收获与德育团队分享，在校内进行联动，做出更多思考。同时积极与兄弟学校的教师互相学习。
	研	不断与成员们探讨取经，撰写高质量的论文，能够在市区层面参评、投稿或获奖。
	阅	在阅读书籍之外，保证自己20分钟的学习时间。加强理论知识，关注社会热点，学习科技媒体技术。

徐洁岚

上海市回民中学

徐洁岚老师

【教育格言】

远若星辰，引领学生成长；近如暖阳，照亮孩子梦想。

【学员风采】

徐洁岚老师是一名高中数学高级教师。她任班主任、高二年级年级组长，荣获上海市五一劳动奖章、上海市园丁奖。

她愿化作星辰，用自己的专业知识引领孩子们健康成长，让他们清楚地认识平凡世界中自己的不平凡，让他们向着自己心中的理想不断前进。她愿化作暖阳，照进孩子们的心田，帮助他们舒缓学业的压力，解决生活的烦恼，散发青春的活力。她还创建了一个微信公众号"在回中遇见更好的自己"，让家长看到孩子们成长的点滴，并共同参与到教育中来。她希望她的学生、家长和她自己都能够在教育过程中成为更好的自己。

师者风采 最美遇见

她是一名优秀的共产党员，曾获"学习型党员"称号。她曾获得上海市班主任基本功大赛一等奖、上海市教学能手、全国民教杯十佳教师"民教之星"荣誉称号。她还多次在全国中小学创新（互动）课堂教学实践观摩活动中获得一等奖，并赴沈阳、福州、青岛等地进行现场教学展示。

【成长规划】

徐洁岚的成长规划

教师个人分析	1. 长期担任班主任工作，目前任高二年级组长。始终保持好学之心，具有一定的创新精神。会反思自己的工作情况，具有一定的研究能力。具备良好的信息素养，曾获上海市"信息化教学能手"称号。 2. 缺乏班主任工作的专业理论知识。未能将自己的工作经验提升，并使之系统化。在德育方面缺乏课题研究的经验。 3. 能够更多地参与专家讲座，积累理论知识。工作室主持人吴老师会提出明确的要求，引领我们在反思中成长。同期学员们身怀绝技，可以共同分享，一起成长。 4. "纸上得来终觉浅，绝知此事要躬行。"理论学习的过程是一个先打破再重塑的过程。我需要平衡好自己现有风格与新学知识的关系，使两者深度融合。	
专业发展规划	1. 在本轮的三年教学中，重点思考如何以问题链的形式引导学生学习数学，并在教学过程中紧密围绕三个核心问题"是什么""为什么""还有什么"展开。 2. 在德育方面，进一步学习德育专业知识，阅读相关书籍。完成区级课题《基于微信公众平台的年级组课程设计研究》。 3. 在生涯教育方面，尝试数学学科与生涯教育的结合。 4. 在家庭教育指导方面，借助一些关键时间点，推进年级组家庭教育指导活动。	
细分目标及推进策略	教	提出一个教学难点问题，借助信息技术突破教学难点，使用微课实现"是什么""为什么""还有什么"三个环节。
	德	以学生为本，聚焦美学素养与劳动素养，以本班活动为主阵地，向年级组其他班级辐射。
	研	以核心素养为引领，结合本年级学情，开展实践活动。在反思中前行，完成课题《基于微信公众平台的年级组课程设计研究》。
	阅	德育类：《德育原理》《为幸福而教》《美学是未来的教育学》等。 社科类：《人类简史》《未来简史》《今日简史》等。

蒋飞斐

上海市崇明中学

蒋飞斐老师

【教育格言】

吃得苦中苦，方为人上人。

【学员风采】

蒋飞斐，上海市崇明中学体育教师，中学一级教师，新疆部主任助理、新疆部班主任。

作为一名体育教师，他工作积极认真、尽职尽责，热爱学科、热爱运动，在篮球、羽毛球、板球等体育教学中，开创自己的教学方法，深受学生喜爱。所带的校女子板球队曾荣获全国第一名的优异成绩；创建学校羽毛球队，带队参加各类市级比赛，多次获得团体第一的好成绩。

作为一个新疆班的班主任，他考虑到新疆班的孩子远离家乡、远离父母，他把每一个孩子当作自己的孩子一样关心关爱，将体育老师所特有的

师者风采 最美遇见

阳光、热情带给孩子们，与孩子们一起打篮球，组织孩子们开展"家校互动"，让孩子们融入自己的家庭，一起开展家庭采摘、参观游览等社会实践活动，让孩子们感受师长、家人、朋友般的温暖。

他始终以情启智，真诚对待每一位学生，把班集体管理得井井有条。曾获君远奖新疆部优秀教师、崇明县教育局"新蕾奖"一等奖、崇明区优秀班主任、校"金爱心"教师等称号，所带班级被评为上海市"先进班级"、崇明区五星级班集体。

【成长规划】

蒋飞斐的成长规划

教师个人分析	1. 有扎实的体育教学基本功，组织协调能力和团队管理能力强，有较强的适应能力。性格坚毅果断，做事认真负责，能吃苦耐劳，有较强的执行力，愿意投入更多的时间和精力管理班级。 2. 由于体育学科偏重于技术方面的学习，在教育学理论方面稍薄弱，经常有反思但不太深入，较少去归纳总结形成自己的理论体系，临场发言方面较薄弱。 3. 有体系的理论学习、实践操作、课题研究三大模块的学习机会，有专家的引领和指导，有积极向上的团队，有更高的锻炼平台。 4. 还没有提炼出自己在班主任工作中的特色，日常课务和训练繁忙，个人创新、反思提炼理论体系甚少。	
专业发展规划	1. 在未来的两年中，我会认真学习，勤于研究，概括提炼，使自己成为有较深厚教育理论素养和学术功底、掌握班主任管理方法、能熟练撰写教育教学案例，并进行研讨和反思的教师。 2. 积极参与工作室的建设和管理，配合吴老师创建优秀工作室，争当优秀学员。希望自己创出特色，努力成为一名知识传播者、教学组织者、班级领导者、学校外交官、家长代理人；让自己从优秀班主任向名师转变。	
细分目标及推进策略	教	落实好以体感人、以体育人的教学方式，运用各类新技术使教学工作活起来、动起来。培养学生经受挫折、顽强拼搏的勇气和斗志。
	德	将体育教学与德育相结合，在体育活动中提升学生优秀的体育精神和高尚的人格魅力，努力担起学生健康成长引路人的责任。
	研	我要多观察、积累、反思并提炼出实践经验，不断探索解决问题的方法。同时把体育教育与班主任教学实践相结合，形成自己的工作特色。
	阅	学习各领域的知识、技能，加强教育教学理论方面和专业知识技能方面的学习，在学习过程中认真做好读书笔记，对照反思自己的教学行为。

主题班会

懂得感恩

集体荣誉共维护

上海市共康中学　吴晓云

【教育背景】

教育部《中小学德育工作指南》指出，要培养学生爱党爱国爱人民，增强国家意识和社会责任意识。初中学段要引导学生懂得如何参与和适应社会，在服务集体和他人的过程中，培育家国情怀。

内地西藏班学生常年住校，班集体如同一个大家庭，也是一个小社会。3年的集体生活是学生参与和适应社会，培养集体精神，培育家国情怀的自然资源。藏族孩子从众乐群，集体对个体的影响力极大。因此，建设良好班集体，用优质的集体文化影响个体的言行和品质是西藏班建班育人的有效策略。

为了让初中阶段的学生把成人外在的引导过程转化为学生自我教育和自我认可的过程，用自己正确的认知指导自己的言行，从"别人让我这么做"转变为"我应该这么做"，我设计了一个系列的主题教育活动，包括"热爱集体共成长""集体荣誉共维护""合作学习共提高"，层层递进，旨在帮助在内地求学的藏族初中生正确认识个人与他人、个人与集体的关系，逐步形成热爱集体、尊重他人、善于合作的良好品质，准备着为建设西藏做出贡献。

【教育目标】

（1）通过对视频资料和共康中学优秀毕业生"保家卫国"英雄事迹的分析，感悟保护国家安全、科技兴国与每个公民的利益关系，培养集体荣誉感，自觉维护集体荣誉。

（2）创设情境，引导学生辨析，进一步深刻认识集体与个体的关系，激发自觉维护集体荣誉的道德情感。

（3）分享班集体中自觉维护集体荣誉的好人好事，用学生身边看得见的鲜活事例感染学生，启发学生思考该用怎样的言行维护集体荣誉。

（4）活动拓展环节，努力以实际行动维护集体荣誉，做好本职工作（分内事）。但是，个人的力量是分散的、有限的。我们可以借助合力，通过优势互补，就能够完成许多单凭一己之力无法完成的事情，为集体做出更大贡献。引发学生思考，为下一次主题教育系列活动"合作学习共提高"做铺垫。

【活动准备】

教师准备维护集体荣誉的视频资料和优秀毕业生的事迹材料。

学生讨论回顾同学间维护班集体荣誉的好人好事。

【实施过程】

环节一：明白道理

说一说他们是怎样维护集体荣誉的，"向英雄致敬"。

视频1：播放《战狼》震撼人心的精彩片段。

问题1：军人是怎样维护集体荣誉的？说说他们的可敬之处。

教师提炼：军人为保护国家尊严和荣誉，不惜流血牺牲，换来我们和平安宁的生活。我们需要给这些英雄掌声，应该向他们致敬。

视频2：播放国庆《科技献礼》精彩片段。

问题2：科学家是怎样维护集体荣誉的？说说他们的可敬之处。

教师提炼：科学家践行了科研的使命。落后就要挨打。为了祖国强大和荣誉，科学家们默默奉献着智慧和才华。他们才是我们应该追的超级巨星。

图组3：展示一组共康中学优秀毕业生的事迹照片。

问题3：学长们是怎样维护集体荣誉的？说说他们的可敬之处。

教师提炼：学长们已经走上工作岗位，他们以实际行动感恩党的智力援藏政策，保卫祖国，建设西藏。我们应该以学长为榜样。

设计意图：引导学生明白道理，国家强大，我们每个公民都会产生安全感和自豪感。大到国家，小到班级，甚至宿舍都是一个集体，个人利益与集

主题班会 懂得感恩

体息息相关，集体荣誉需要大家共同维护。

环节二：体验感悟

议一议个人与集体的关系。

情境1：一名学生上课不认真学习，不接受老师批评，顶撞老师。这是这个学生的个人行为，跟集体中的他人无关。

问题1：这种思想是否正确，为什么？

教师提炼：人是环境的产物。孟母三迁的故事说明了环境对人的重要作用。因此，我们要共同营造良好的环境，对于破坏集体荣誉的行为要予以指出。

情境2：一名学生成绩非常优秀，但是其不参加班级活动，也不愿意承担班级管理责任和服务班级的义务，她认为学习好、不违反纪律就是好学生，学习是自己努力的结果，跟班集体无关。

问题2：这种思想是否正确，为什么？

教师提炼：一个人只有在集体中才能发挥自己，一个集体因为每个人的付出才更优秀。集体中的每个成员都要积极参与活动，管理班级事务。

设计意图：通过情境辨析，进一步深刻认识集体与个体的关系，激发自觉维护集体荣誉的道德情感。我们身处集体之中，当集体强大，获得荣誉时，我们为之骄傲；当集体落后，荣誉受损时，我们为之惭愧难过。这就是集体荣誉感，是心理感受，每个人都渴望生活在一个优秀的集体中。个人的成长离不开集体的影响。维护集体荣誉还要落实在行动上。

环节三：交流分享

讲一讲班集体中维护集体荣誉的感人故事；提一提对自己的要求，怎样维护集体荣誉。

话题1：我们鸿雁2017这个大家庭组建已经502天了，这个大家庭越来越温馨和谐，蒸蒸日上，这期间一定有很多维护集体荣誉的感人故事，请大家分享。

话题2：班级自管会"宿管部"工作总结和经验分享。

话题3：听了感人的故事和经验分享，受到了启发，计划一下，接下来要为集体做哪些事？怎么做？

教师提炼：优秀班集体是怎样形成的呢？人人献出一份爱——热爱班集

体要付诸行动。自从我们鸿雁大家庭组建以来，同学们积极维护班级荣誉，才使我们这个集体如此优秀，在温馨的集体中，同学们快乐健康地成长着，相信我们今后会做得更好。

设计意图：分享班集体中自觉维护集体荣誉的好人好事，用学生身边看得见的鲜活事例感染学生，启发学生思考该用怎样的言行维护集体荣誉。

环节四：总结拓展

设计意图：引发学生思考，为下一次主题教育系列活动"合作学习共提高"做铺垫：我们努力以实际行动维护集体荣誉，做好本职工作（分内事）。但是，个人的力量是分散的、有限的。我们可以借助合力，通过优势互补，就能够完成许多单凭一己之力无法完成的事情，为集体做出更大贡献。

主题班会　懂得感恩

认识生命，感念父母

上海市杨浦区回民小学　金丽雯

【教育背景】

感恩与责任是个人精神素养的体现。当今中学生对此有着一定的认识，但他们缺乏实干精神，重视自我需求、自我发展，关心社会、关心他人不够。家庭和学校要引导学生对自己的行为不断反思，让学生学会感恩父母，学会关心身边的人，关心周边的世界，进而关心国家，提升责任意识。初中阶段是对学生进行感恩教育的重要阶段，而通过家校联系进行感恩教育更是一种行之有效的途径，让感恩成为学生的一种生活态度，一种品德。

【教育目标】

（1）让学生认识生命来之不易；在活动中激发感恩父母的情感。

（2）培养学生关爱父母，提升学生"感恩生命，担负责任"的情感。

【活动准备】

（1）家校沟通，小视频录制。

（2）小调查。

（3）PPT制作。

【实施过程】

环节一：认识生命，激发感情

1.《我从哪里来》

播放生命的来源故事《我从哪里来》。

（1）导入：你们喜欢听故事吗？

（2）学生交流感受：听了生命来源的故事后，你想说些什么？

2. 播放个别家长小视频发言

（1）师：课前，老师请几位家长发来了小视频，爸爸妈妈很挂念远在上海的你们，听了爸爸妈妈的话，你有什么想说的？

（2）学生交流。

教师提炼：父母的言行饱含着对我们深深的爱，我们从视频中感受到了父母对我们的挂念。

设计意图：中学生在世界观的形成过程中往往更多地关注了自我，有时会觉得父母有些啰唆。聆听生命起源、直面家长的牵挂，会让学生回归本源，生命飞扬。

环节二：了解父母，夸夸他们

1. 交流小调查

生活中，你又是怎么做的呢？你知道爸爸妈妈的生日吗？你知道他们最喜欢吃什么吗？你知道他们的困难和烦恼吗？看看我们同学对父母的了解有多少。课前，老师让大家做了个小调查，现在我们来交流一下。（见附1）

（1）小组交流调查表。

（2）愿不愿意向大家来介绍一下你的父母？

（3）个别交流展示。

（4）同学谈谈各自的想法。

2. 夸夸自己的父母

（1）教师过渡：父母多年如一日，对社会对家庭对孩子的付出和贡献真不少，你们能夸夸他们吗？

（2）学生交流。

（3）教师小结。

主题班会 懂得感恩

教师提炼：感恩就要从小做起，从我做起，从身边的小事做起，让心中充满爱。

设计意图：引导学生关注父母的言行，感恩与责任随行，学生才会更有责任意识，生活才会更有意义。

环节三：结合生活，指导行为

1. 播放视频广告《为妈妈洗脚》

（1）学生观看。

（2）学生交流。

2. 观看录像

妈妈让丁丁多加一件衣服，丁丁嫌妈妈唠叨；丁丁自己东西找不到就发脾气，让爸爸帮他满屋子寻找。

（1）交流：丁丁的爸爸妈妈看着丁丁直摇头。你们有什么想对丁丁说的吗？

（2）角色扮演：如果你是丁丁，你会怎么做呢？找一个小伙伴，选择一个片段，演一演。

3. 小结

我想丁丁听了你们的话，看了你们的表演，一定会觉得很难为情，今后再也不会这样对待父母了。

教师提炼：对父母长辈多一分体贴，多一分关怀，多一句问候，用实际行动对父母表达感恩之情。

设计意图：家校紧密结合，把感恩和责任教育落到实处。情景演练，指导具体的感恩与责任行为。

环节四：关注生活，课后拓展

1. 教师小结

怀着感恩之情，才知道父母的艰辛；怀着感恩之心，才知道生命的意义。让我们一起对着镜头为远方的爸爸妈妈送上一首歌。合唱《献给阿妈的歌》。

2. 提出活动作业要求

今天放学后让我们来做一次小调查，把调查结果记录在表格里。（见附2）

教师提炼：生活是一面镜子，课后多了解父母对孩子的付出。

设计意图：课后的调查加强亲子沟通，通过调查，学生才会感念父母对孩子的无私付出和养育之恩。

附1:

个人调查表

你所要调查的人是	
他（她）的生日	
最喜欢吃的	
最喜欢做的	
他（她）的烦恼	
他（她）的心愿	

附2:

"父母养育花费"调查报告

	父母收入（月）	孩子花费（月）	孩子花费占比（%）	孩子花费（年）
吃（月）				
穿（月）				
玩（月）				
教育投资（月）				

尊重孝亲，体谅父母

上海市杨浦区回民小学　金丽雯

【教育背景】

孝亲是中华民族的传统美德，是学生必须遵守的规范之一，了解中华民族传统文化——孝文化。指导学生以感恩之心体会父母长辈的默默付出，寻找生活中父母对自己的点滴关怀，体谅父母的正觉正念，知感恩，要感恩，在此情感基础上，引导学生怀着一颗感恩之心，以力所能及的方式履行体谅父母、关爱家国的责任。

【教育目标】

（1）体会生活中父母的付出，懂得要孝敬父母，体会"孝文化"。

（2）体谅各个行业中的父母，明确当代中学生应尽"感恩生命，担负责任"的义务。

【活动准备】

（1）家校沟通，父母各行各业小视频工作实录。

（2）PPT制作。

【实施过程】

环节一：欣赏美文，了解"孝文化"

1. 欣赏中华美文

PPT出示：《三字经》《游子吟》《慈母情深》《背影》……

2. 这些耳熟能详的美文, 传达了怎样的情感?

（1）引发学生思考、交流。

（2）我们来看看"孝"字的演变。甲骨文拆"孝"字。

教师提炼: 感恩父母就是我们中华民族的一种文化传统——"孝文化"。

设计意图: 从父母对我们的爱引到感恩上来, 引发生活中的孝心和真情。

环节二: 自强自立, 传递温情

（1）习作《我的妈妈》, 我们一起静静聆听, 细心品味……

（2）播放5位家长的视频采访:《孩子, 我想对你说》。

（4）看了爸爸妈妈的工作视频, 我们也感受到了他们工作中的艰辛, 你们想对他们说什么?

（5）学生各抒己见。

教师提炼: 听一听爸爸妈妈的心声, 他们在生活中是如何对待自己的长辈的。

设计意图: 寻找生活中榜样的力量, 通过歌曲导入, 学生直面爸爸妈妈的做法, 身教重于言传。

环节三: 传承家风, 设立家庭岗位

（1）过渡: 播放小视频《我们再大, 也是父母眼里的孩子》, 配乐《念亲恩》。

（2）教师提问: 那么我们该怎么做才能不让爸爸妈妈为我们担心呢?

（3）具体做法大家谈: 自己的事情自己做, 父母的事情帮着做。

教师提炼: 和爸爸妈妈一起勇于尝试新事物, 不断突破学习能力, 寻求突破, 提升自身实践水平。

设计意图: 学生和父母一起设立家庭岗位, 自主自动, 自强自立, 让学生明白生活即学习, 学习即生活。

环节四: 抒写心声, 教师总结

1. 写家书, "生命、责任"情感再次升华

教师: 同学们, 此时此刻, 你们最想对爸爸妈妈说些什么? 拿出你们的信纸给他们写一封信, 装在信封里邮寄给他们。

2. 班主任总结

同学们, 我们知道了父母既是家庭的顶梁柱, 又是工作中的能手, 还要照顾我们，很不容易。我们更要体谅父母，和他们肩并肩，在生活中磨炼自己，在实践中做好自己。希望通过这节课的学习，同学们都能做个体贴父母、有责任心的人。

教师提炼：生活是一面镜子，在镜子前我们看到了父母的艰辛和不易，也看到了自己的责任，感恩父母不是挂在嘴边，而是需要用实际行动去证明我们是一个有担当的人。

设计意图：通过父母对家庭付出、对社会贡献的事迹，让学生心灵受到触动，写一写学生的心声。

尽己所能感恩父母

上海市回民中学　徐洁岚

【教育背景】

《中小学德育工作指南》指出，在初中学段要教育和引导学生养成热爱劳动、自主自立、意志坚定的生活态度，形成尊重他人、乐于助人、善于合作、勇于创新等良好品质。

民族班的学生与其他普通初中生不同，他们长期住校，和父母的沟通时间较少。在初三年级，学生将迎来人生中的一次升学过程。在这个过程中，难免会遇到犹豫不决的选择问题。在此背景下，教育、引导学生与父母真诚地沟通，让学生感受跨越时空的父母之爱，尽己所能感恩父母。

【教育目标】

（1）通过合照，怀念与父母共度的美好时光，激发对父母的思念之情。
（2）以初三阶段的升学为背景，提升"担负责任，感恩父母"的情感。

【活动准备】

每位学生准备一张自己与父母的合照。
班主任收集家长对学生升学的意愿与未来发展的期许。

【实施过程】

环节一：回顾成长，怀念美好

问题1：分享一张与父母的合照，说说当时的场景与心情。

预设：在家中的合照，在游乐园、动物园等室外的合照……

问题2：拍合照那一年，你和父母共同经历了哪些让你难忘的事情？

预设：第一次到上海。那一年家里多了一位成员（弟弟、妹妹）……

问题3：请用一句话来描述父母给你带来的感受。

父母让我很安心，让我觉得有依靠，给我指明了方向……

教师提炼：父母的爱是无形的，总会在你身边陪伴着你。

设计意图：考虑到民族班学生不常在家，因此每年回家的时间较短。同时在前三年的教育中积累了一些学生与家长的合照，翻阅照片可以让学生回忆起与父母共同相处的美好时光，激发学生对父母的思念之情，同时为环节二的教育做好铺垫。

环节二：当下责任，明确担当

问题1：当下正处于初三升学阶段，你认为自己目前最重要的任务是什么？

预设：学习、做好作业、考一所理想的高中。

问题2：是否和你的父母沟通过升学的发展方向？

预设：和父母沟通过，父母非常支持我。

和父母沟通过，父母极力反对我。

没怎么和父母沟通过。

问题3：在你看来，父母对你有怎样的期许？

预设：父母希望我考上××学校，但是我想考××学校。父母希望我不要打游戏，好好学习……

分享：父母对孩子的期许。

班主任分享部分家长对孩子的期许。

预设："希望你能快乐成长""希望你能认真对待英语学习""希望你能考上自己心中理想的学校"……

问题4：当下如何成为更好的自己？

预设：对自己负责，多复习，认真上课，尽己所能考一所好一点的高中……

教师提炼：其实，父母对孩子的爱非常单纯，就是希望你们快乐地成长。但是他们又盼望着你们能担负起自己身上的责任，在离开父母的日子里能自主自立，能对自己负责。

设计意图：在升学话题中，对比家长与学生的认识，引导学生感受父母之爱体现在希望孩子能有更好的未来，由此引发学生反思自己的行为，提升自己的责任感。

环节三：畅想未来，感恩父母

问题：除了努力学习之外，还有什么方式可以感恩你的父母？

给父母写信表达自己的感恩之情，回家后替父母分担家务……

教师提炼：感恩父母的方式有很多，关键在于心中是否会惦记父母为自己的付出，由此心生感恩之情。

设计意图：通过畅想未来，帮助学生思考通过哪些具体的行为感恩父母，可以让感恩父母体现在行为中，而不流于表面。

环节四：教师总结

本课中，我们回顾了自己的成长之路有父母相伴，在升学过程中父母也会为我们点亮一盏明灯。关键在于我们要对自己负责，尽己所能地成为更好的自己，这才是对父母最大的感恩。

设计意图：回顾整个教学过程，提炼教育的核心思想——对自己负责，尽己所能成为更好的自己，这才是对父母最大的感恩。

以校为家，做安心共康人

——"感恩学校"主题教育方案设计

上海市第二初级中学　周鸿艳

【教育背景】

《中小学德育工作指南》在培养学生责任意识的目标中指出，学生作为主体，积极面对学习生活和日常生活，与周围的人及事形成积极的互动，才能够成为真正的社会人。共康中学这些西藏班的孩子们经过激烈的选拔从西藏来到上海，第一次远离家乡、远离父母来到异地求学时只有十二三岁，这个阶段正是他们世界观、人生观、价值观逐渐形成的时期。是国家的民族政策让这些孩子有机会走出西藏，学习知识，改变命运。因此，应该重视对他们的感恩教育，让孩子们学会知恩、感恩，只有懂得感恩的人才会懂得付出，才会对自己、对他人、对集体、对国家有责任感，才能够成为真正的社会人。

【教育目标】

（1）正确认识内地西藏班学校和西藏学生的关系。
（2）能够理解并感恩学校。

【活动准备】

情景剧表演；制作课件；完成主持稿撰写。

【实施过程】

环节一：引出课题

故事：娜扎一家的喜悦

娜扎考入内地西藏班，即将离开家乡去千里之外的上海读书，孩子的兴奋、憧憬、忐忑，爸爸妈妈的高兴、不舍、叮咛。（具体情节表演）

问题1：看了这个故事，你有什么想法？

问题2：你能回顾一下自己考入共康中学，离开家乡时的心理及当时的情景吗？

教师提炼：同学们经历了考试选拔从西藏来到上海求学，要在这里度过3年的初中生活。虽然离开了自己的爸爸妈妈，我们也要知道：这里的老师、同学像父母、兄弟姐妹一样会给予你关心、帮助，我们是相亲相爱的一家人。

揭示课题：学校就是我的家。

设计意图：引导学生重温考入内地西藏班为自己、家庭、父母带来的喜悦、荣光，初步感受学校对自己的积极影响，为知恩、感恩做铺垫。

环节二：明白道理

故事：娜扎的变化

娜扎从西藏来到陌生的上海，思念父母，怀念在西藏的生活。学校规定不能天天用手机，加上第一次考试失利，娜扎开始沉默寡言、封闭自己。一次生病，思念父母，娜扎在宿舍默默流泪，被宿舍的同学发现，告诉了老师，学校专门安排老师把她送去医院，看医生的费用全部由学校支付，解除了娜扎的后顾之忧。学校又安排老师专门陪护。娜扎在学习上遇到的困难，学校也专门安排了老师进行课下辅导。双休日组织活动，娜扎渐渐变得开朗了，学习成绩也有了很大的提高。

问题1：娜扎的变化给了你怎样的启示？

问题2：作为考入共康中学的一名新同学，来到新的学校，你得到了学校哪些方面的安排、照顾？

问题3：对于学校给予你在生活、学习上的关心、教育，你有着怎样的感受？

主题班会 懂得感恩

教师提炼：我们远离父母、远离家乡来到上海，学校就是我们的"家"。这里的老师是亲人，全身心地关心、爱护学生。学校是安全港湾，急我们所急，想我们所想。让我们安心，让远在家乡的父母放心。我们要知恩、感恩，在学校健康成长。

设计意图：引导学生明白道理：学校是内地西藏班学生的家，给远离家乡、远离父母的学生依靠，让学生有安全感，让学生体会到家的温暖，学生能够知恩、感恩。

环节三：体验感悟

故事：娜扎和父母的对话

取得好成绩的娜扎和父母视频通话，给父母讲述了自己在学校的经历、学校对自己的关心、自己取得的成绩，又讲述了学校对藏族学生在生活、学习等方面无微不至的关爱。父母非常感动，告诉娜扎要懂得感恩，用自己的行动回报学校的恩情。

问题1：从个人角度，我们应该如何爱护学校——我们的大"家"？

问题2：从班集体角度，爱护学校我们可以怎样做呢？

教师提炼：学校就是我们的"家"，作为"家"的一分子，我们要爱护这个家，管好自己；遵守学校规章制度；文明休息；保护校园环境；做好垃圾分类等等。从自身做起，从小事做起，为这个"家"的建设出自己的一份力，让我们这个"家"干净整洁，欣欣向荣，朝气蓬勃。

设计意图：教育是拨动心弦的艺术。以情感人，以理服人，就会打动人心。在学校与家庭的共同关爱、教育下，激发、燃起学生感恩的欲望，引导学生能够怀着一颗感恩之心，以力所能及的方式履行责任。

环节四：教师总结

我们从家乡西藏来到上海共康中学，开始正式步入初中生活，学校就是我们在内地的"家"，这个"家"给我们创造了良好的生活、学习环境，我们要懂得感恩学校，用实际行动爱护学校，回报学校，让我们这个"家"更加充满生机与活力。

设计意图：帮助学生清晰地认识到学校在自己生活、学业、成长中创造良好的硬件、软件环境的重要性，引导学生在知恩、感恩中践行自己对学校的责任。

行感恩之举，做快乐共康人

上海市时代中学　李欣航

【教育背景】

共康中学八年级的学生已经在校学习、生活了一年，理应对学校有较高的认可度，对学校怀有感恩之心。目前，在本班学生群体中存在一些令人担忧的现象：把老师的付出和他人的帮助看作是理所当然，漠视宝贵的友情、师生情，这种与社会主义核心价值观偏离的"忘恩"行为必须加以扭转。此外，对学校的感恩是否只局限于和老师问好打招呼上？还有没有力所能及、更深层次的感恩行动呢？因此设计这样一节课引领同学们心怀感恩，继续前行。

【活动对象】

八年级学生。

【教育目标】

（1）引导学生通过校园生活中的细节感受他人的付出，激发感恩之情。

（2）通过设计、参与各种"校园暖风行动"，体验感恩之举能够助人利己。

（3）能将感恩行为持续落实到校园生活中，践行感恩。

【活动准备】

（1）相关资料收集、调查、视频的准备。

主题班会　懂得感恩

（2）制作多媒体课件。

（3）小队活动。

【实施过程】

环节一：感恩有你

乙：前不久，李老师进行了"爱上共康的十个理由"问卷调查，经统计，我们发现，大家的理由非常相似，主要是以下十点……

甲：看了这份调查结果，我发现共康中学的最大吸引力在于共康人的"美"。让我们随着相机镜头，去发现这份"美丽"，去捕捉校园里爱的瞬间。

（PPT展示照片"感恩有你"）

设计意图：通过发掘校园内身边的人和事，真切感受来自他人的付出。

环节二：知恩于心

乙：刚才的图片展示中，我们看到谁的身影出现最多？（老师）在和老师朝夕相处的日子里，一定发生过许多让你感动的事，难忘恩师点滴情。请同学们讲出自己最感激的一位老师和他（她）令自己难忘的原因。

甲：同学们谈起自己的老师都心怀感激，怎么说都说不尽。其实我们老师就是通过这些方方面面、点点滴滴的小事去关心着你的学习、生活，让每一个学生都能身心健康地成长。

乙：除了身边熟悉的老师外，同学们还观察到校园里有哪些人也一直为我们默默地奉献着？

甲：谢谢几位同学为我们分享了这些爱的小细节。在我们的生活和学习中，还有同学和自己相互鼓励、相互支持、相互安慰，在交流中获得欢乐和充实。下面来说说同学们做过的让我们感动的事。

乙：同学们，我们的茁壮成长离不开这些爱护我们的人！感谢老师们的谆谆教诲；感谢同学们真诚的关心和帮助；感谢校园里所有关心、爱护我们的人！让我们以一曲《共康》表达内心的感恩之情。

歌曲《共康》。

设计意图：抒发感恩之情。

环节三：原来如此

情景剧讨论：

甲：生活需要一颗感恩的心来创造，一颗感恩的心需要生活来滋养。那么，在校园生活中，我们做得怎么样呢？请看情景剧表演。

情景剧表演梗概：呈现集体生活中不知感恩的言语和行为。

教室（学生A）	不按时订正作业。
寝室（学生BC）	不遵守规章制度，欺骗老师。
食堂（学生D）	浪费粮食。
图书馆（学生EF）	对待感恩行动敷衍了事。

分享观看情景剧的感受，并讨论：

甲：以上几个情景剧均取材于我们身边真实的事例。几位同学的行为有哪些不当之处？请大家谈谈看法。

甲：校园生活中还有哪些不懂感恩的行为？会带来怎样的影响？

设计意图：通过班级存在的真实事例呈现，让同学们意识到平时"不在意"的行为的危害。

环节四：倾诉心声，感恩于行

乙：中国有着"感恩"的传统，像"滴水之恩，涌泉相报"就是很好的写照。但从刚才同学们的交流中，我们发现还是有小部分同学成了不懂感谢、不愿感激、不会感动，只知道汲取的"冷漠一代"。我们在日常生活中应该怎样感恩呢？下面有请三个小队进行"校园暖风行动"汇报，分享活动体会和收获。

甲：从同学们的汇报中可以发现，其实我们感谢他人的方式可以多种多样，一个感激的眼神、一声温馨的问候、一次真诚的交流、一份满意的答卷；做一个孝顺的子女、做一个优秀的学生、这就是对他人最好的感恩。常怀感恩之心的人是最幸福的，常怀感激之情的生活是最甜美的。请听诗歌朗诵——《常怀一颗感恩的心》。

设计意图：分享"校园暖风行动"，体验行感恩之举助人利己。

环节五：教师总结

作为一名共康中学的学生，我们要努力学做"真人"、探求"真知"、实践"真行"。学做一个"真人"，就要为人真实，讲诚信，能真心诚意地待人，并懂得感恩。知恩感恩是中华民族的传统美德，是一种美好的情感，是一种修养，更是一种境界。

　　今天的班会中，同学们真实地呈现了班级中存在的问题，热情地投入到"校园暖风行动"中，在表达感恩的过程中收获快乐和责任。我相信、更支持我们班的"校园暖风行动"一直进行下去，能够在温暖别人的同时，也给自己带来真正的快乐。

以我所能，做感恩共康人

上海市第二初级中学　周鸿艳

上海市时代中学　李欣航

【教育背景】

《中小学德育工作指南》指出，培养学生的责任意识就是要引导学生除对自身负责外，还必须对他所处的集体及社会负责，正确处理与他人、集体、社会的关系，有自觉承担相应社会责任、任务和使命的意识。这些内地西藏班的学生在共康中学的生活学习已经是第三年了。三年来，学校为学生的健康成长创造了充足的条件，让学生们能够安心学习，快乐生活；让远在千里之外的家长放心孩子的生活、学习。与此同时，学校重视学生的思想品德教育，加强感恩教育。因为学生只有懂得感恩才会懂得付出，才会有对自己、对集体、对社会的责任感。对毕业班的学生需要进一步引导、教育，加强学生感恩、回报意识，本次主题教育课是号召学生寻找感恩学校措施——成为"校园小义工"，为营造一个充满阳光、激情、健康向上的和谐校园环境做出自己的努力。

【教育目标】

（1）结合当前社会热点——志愿者、义工活动的开展，继续对学生进行感恩教育，使之懂得感恩，懂得付出，懂得回报学校。

（2）通过活动，在学生心中播下争当志愿者的种子，培养学生树立自觉承担相应社会责任、任务和使命的意识。

【活动准备】

（1）相关案例、视频准备。

（2）制作课件。

【实施过程】

环节一：引出课题

案例： 某学校毕业班班委会组织学生开展"我用什么感恩学校"的主题大讨论。学生小A说：作为初三毕业班的学生，面临竞争激烈的中考，学习时间紧、中考压力大，我们只要认真努力学习，中考考出好分数，考上好的高中，将来考上好的大学，就是感恩母校。

问题1：你认同小A的说法吗？

问题2：我们还可以通过哪些行动来表达对学校的感恩之情？

教师提炼： 我们来到上海共康中学已经是第三年了，学校为我们的健康成长创造了充足的条件，让我们接受更好的教育，培养我们各方面的能力；让远在千里之外的父母、家人对我们的生活、学习、成长非常放心。懂得感恩的我们要用实际行动回报学校，回报国家。

揭示课题： 以我所能，做感恩共康人。

设计意图： 引导学生思考学校为学生健康成长所创造的各种条件，进一步激发学生以实际行动感恩学校、回报学校的思想意识。

环节二：明白道理

案例： 2019年的上海马拉松大赛，某校的小B同学和家长作为志愿者参与了上海马拉松大赛的志愿服务。因为交通管制，他们6：30就提前赶到了志愿服务的地方，和其他志愿者们一起架设帐篷，摆放面包和矿泉水，做好赛前志愿服务的准备工作。比赛开始后，他负责文明劝导和啦啦队工作，多次对试图进入比赛场地的人员进行劝导，同时作为啦啦队的志愿者，使劲地对参赛运动员喊"加油"，为运动员助威，嗓子都喊哑了，好多参赛运动员对他们竖起大拇指表示称赞和感谢。

问题1：你如何看待小B同学课余时间做"志愿者""义工"的活动？

问题2：时间是流逝的，礼物是会变旧的，作为即将毕业的学生，我们感恩母校，留给母校最好的纪念品是什么呢？

教师提炼：志愿者精神是"奉献、友爱、互助、进步"。在参与志愿服务的过程中，不仅"利他"，帮助需要帮助的人，而且"利己"，付出劳动，收获精神快乐，使自己的思想境界得到升华。作为即将毕业的我们，为母校留下一种好的行为习惯、一种精神、一种美德是感恩母校、留给母校最好的纪念。

设计意图：通过案例引导学生向志愿者学习，不仅在有国家大事时、在社区尽自己的绵薄之力，更应该在校园出一份力；从做"志愿者""义工"活动中思考如何感恩学校。

环节三：体验感悟

案例：其实我们身边也很精彩，因为同学们身上也具有志愿者的"奉献、友爱、互助、进步"精神，一些班级组成一支支小小的志愿者队伍，有的向路人分发垃圾分类的小册子，并收集他们的承诺签名；有的在社区医院帮病患挂号缴费，帮患者拿号验血和取检验报告；有的在养老院进行慰老敬老服务。现在，同学们的服务范围又扩展到校园内了，看！他们在校园打扫，他们在图书馆整理……因为他们和大家一样有着对母校深深的眷恋。

问题1：此时此刻的你是不是深受感染，迫切想加入到校园小义工的行列中去？你认为学校的哪些地方需要你的服务？

问题2：计划是未来行动的路线、保障，我们为自己的小义工活动设计怎样的步骤、措施，以保证我们的活动顺利进行呢？

教师提炼：作为"志愿者""义工"，参加社会服务是社会主义时代精神的弘扬和体现。我们学生参加志愿者活动，做"小义工"是在实践中自我锻炼、培养能力的一种途径，是奉献自我、回报学校、回报社会的一种方式。

设计意图：激发学生对自己学校生活的回顾，增强为母校、低年级小同学服务的紧迫感与使命感，以实际行动感恩学校，服务学校。

环节四：教师总结

意大利诗人但丁曾说过："一个知识不健全的人，可以用道德来弥补，而一个道德不健全的人，却难以用知识来弥补。"作为共康中学这个大家庭的一分子，同学们有着拳拳爱校之情，有着一颗懂得感恩、懂得回报的赤子之心，而这就是一种道德，一种源自我们内心的道德。今天，大家明确了感恩学校的又一方式——做"校园小义工"。让我们一起为营造一个充满阳光、激情、健康向上的和谐校园环境做出自己的努力。

设计意图：引导学生怀有一颗感恩之心，塑造学生勇于实践、无私奉献的精神。在增强学生的服务意识和劳动素质方面进一步培养学生的责任意识，使"校园小义工"活动在校园落地生根、开花结果。

致敬美丽"守护者"

——初中生体验式感恩教育主题班会

上海市延安实验初级中学　王　伟

【教育背景】

《中小学德育工作指南》中提到，初中学段的学生要在学会处理个人与他人、个人与集体关系的基础上，学会处理个人与国家和社会的关系；他们需要懂得如何参与和适应社会，如何成为良好的社会公民。因此，在这个阶段培养学生的社会规范意识尤为重要。内地民族生远离家乡来沪学习，实属不易，但同时也得到了老师、社会的全面守护。对于大多数初中内地民族生而言，他们刚来到上海时，对生活和学习较不适应，但因为有国家、社会等的细心守护，他们逐渐体会到幸福……这对他们是很重要的一课——对这个社会的感恩，致敬美丽"守护者"。

【教育目标】

（1）通过各类媒体资料激发学生对身边"守护者"的感恩之情。

（2）通过小组讨论和写信等形式加强学生对国家、社会等感恩之情，进而带着这种感恩之情展望以后的学习与生活。

【活动准备】

组织班级学生分组收集美丽"守护者"的事迹，同龄人、班主任老师、社区护导等案例。

【实施过程】

环节一：集体暖身

教师指导语：请同学们迅速整理出自己认为最美丽的书桌样式，要求最美观、最便捷、最易用。

问题1：我们发现有些同学是在别的同学的帮助下完成的，他们是自发帮助同学的，他们让我们的学习生活更舒适。而我们身边实实在在有这样一群守护者为我们默默付出。他们是谁呢？

教师提炼： 如果没有"守护者"的默默坚守，可能很多同学会陷入对生活的不适应和对学习的压力。因为他们美丽的身影，同学们的学习生活才更加顺利。这也是我们今天的班会课主题——致敬美丽"守护者"。

设计意图：老师点出主题，通过活动让学生体验"守护者"的精神，引导班会进入关键环节。

环节二：学习模范，感受大爱

议一议有哪些体现责任感的途径：

案例1： 王老师是一名复旦中学内高班的班主任，他一干就是17年。期间，他遇到过学生因为牙疼不止而在春节呼唤他，因为学习跟不上而深夜打电话给他，因为早恋而不满他的建议的，但是，他总是在第一时间守护在内高班学生身边，用耐心陪伴学生，用智慧解决学生烦恼。2018年寒假，他听说学生牙疼到睡不着，便放下和家人一起的年夜饭，立即联系一切资源，带学生去医院就诊。事后，他和学生们一起在学校跨年，而全班学生也感动于王老师一心为他们的爱，和老师一起拍了很多新年照片。

问题1：王老师在哪些方面守护了学生们？

问题2：我们可以从王老师身上学到什么？

问题3：你认为，王老师的行为对他带教的民族生日后的学习生活会带来什么影响？

教师提炼： 王老师是个普通的一线班主任，为学生树立信心和榜样。他以无微不至的爱和育人的智慧抓住关键教育时刻，体现"守护者"的伟大。

案例2： 在珠峰中学高一（7）班的教室里总会有几位街道干部的身影，他们时常来了解学生们的学习生活，也帮助同学们将一封封家书邮寄给家长们，也通过爱心义卖资助班中家境贫寒的孩子们。老吉是其中一位街道干部，有一次课间，教室里突然飞来了很多蜜蜂，他担心学生被蜜蜂蜇伤，就立即把外套脱下驱赶蜜蜂。事后，学生们才知道这是老吉儿子刚给他买的新衣服，但已经因为驱赶蜜蜂而破损了。班长小蒋知情后觉得特别不好意思，提议同学们集资给老吉买件新衣服。但老吉说："同学们安然无恙就是这件衣服最大的价值了，同学们的好意我心领啦！"

问题4：老吉的行为让我们感受到了什么？

问题5：我们以后打算如何来回报曾经帮助过自己的人？

教师提炼：我们从两个案例中看到了王老师、老吉等对民族生付出的爱和帮助，因为身边的老师和社会榜样的帮助，让民族生的学业成功润物无声。因为他们的守护，教室里总是洋溢着笑声。

设计意图：通过小组讨论，进一步加深同学们对老师、街道工作者等的感激之情，同时辅助思考以后的学习与生活，为写信环节做铺垫。

环节三：向美丽"守护者"写感谢信

教师指导语：根据本堂课的讨论发言，请每人写一封简短的信给美丽的"守护者"们，表达对他们的感恩和祝福。当然，你也可以跟他们分享你以后想从事的职业，或许他们可以给你提供一些建议呢。写得好的同学，老师还可以帮忙寄出去哦！

设计意图：引发学生在课后依然保持对"守护者"的感激之情，由有声的语言到无声的文字，由表达对他人的感恩到分享自己的人生规划。这对学生今后的学习与生活都将会产生很好的引领作用。

环节四：教师总结

让我们再来复现本课出现的人物照片。通过此次班会，我们感受到了老师们和街道工作人员可贵可敬的品质，我们还通过写信的方式来表达感恩与祝福，分享自己的人生规划。当然，除了老师们和街道工作人员，还有很多人为民族生的成长贡献力量，让我们感恩这些无私的"守护者"，在未来的时光里，我们会更加无畏地前行，更加自信地前行。

设计意图：帮助学生们清晰地复现感恩的对象——老师们、街道工作人员，都是这个美丽社会的缩影，引导学生再次致敬美丽"守护者"，感恩社会对民族生的培养和庇佑。

为"他们"鼓掌

——内地民族生情境式感恩社会教育主题班会

上海市延安实验初级中学　王　伟

上海市崇明中学　蒋飞斐

【教育背景】

初二内地民族生身心逐渐开始适应在上海的学习、生活，回顾一年里他们与本地学生家庭结对的点滴，互通信息、融情交流、互访互学，以此进一步引导学生形成感恩社会的意识。

【教育目标】

（1）以巩固内地民族生与本地生之间结对为基础，深化教育内涵，让各族青少年认识到"实现中华民族伟大复兴的中国梦，就是要实现国家富强、民族振兴、人民幸福"。

（2）通过各类媒体资料进一步激发初二内地民族生对当今社会的感激之情，对民族大团结的认同，对成长过程中关心自己的人的感恩之情。

（3）通过小组讨论，走进社区、街道，回藏宣讲等形式激发初二内地民族生自身的责任感，立志成为懂感恩、有担当的民族建设栋梁。

【活动准备】

组织班级学生分组收集初中结对期间的照片、文字、视频等影像资料。

【实施过程】

环节一：集体暖身

教师指导语：让我们一起来看一段2017年共康中学的视频，看完以后希望大家结合自身经历，有所感悟。

问题1：我们可以看到视频报道中的学校，对于学校全情投入结对育人的教育理念，通过组织各类活动等形式走进了大家的内心。大家觉得这对你们离家以后的成长有哪些影响或有何感悟吗？

教师提炼：学生的快速成长离不开老师、学校的教育，也离不开社会各界的帮助与支持。因为有了结对这一形式，同学们获得了更多的鼓励和关心，同学们的课余生活才会更加丰富，更有社会阅历，今天就让我们一起来思考，参与了学校为大家组织的各项社会活动，我们应该如何去感悟，去感恩。

设计意图：老师点出主题，通过让学生体验到学校、社会对他们初中阶段成长学习所付出的关爱，引导学生认识到应在"被爱"的过程中细细体味，懂得如何"去爱"和感恩。

环节二：结对育人，感恩社会

案例1：2018年11月25日，上海市某公益组织与共康中学西藏班初一学生结伍金拉姆对仪式在学校321会议室举行。出席的代表有某公益组织结对老师，结对仪式由上海市共康中学党支部书记、校长李劲主持。

上海市某公益组织代表表示，感谢共康中学让他有机会为藏族孩子做点事，希望自己能够帮助在沪求学的藏族孩子，能够带给他们物资、人文、情感方面的关怀，为他们带来温暖；同时也借此机会为共康学子们提供了解环保知识的平台，引导孩子们积极参与社会环境保护。

最后，李劲校长再次感谢所有领导及专家对共康学子的关爱，希望大家为藏族孩子、民族教育、民族团结共同努力，也期待孩子们在某公益组织的帮助下，了解更多关于环保的知识，树立环保意识与环保理念，将所学环保知识带回家乡，一起守卫"西藏圣土"。

问题1：市环保局为什么想和西藏学生结对呢？结对让你感受到了什么？

问题2：结合自己结对的实际情况，谈谈你应该以怎样的实际行动来回报

主题班会 懂得感恩

他人对你的关爱？

教师提炼：通过阅读案例让民族生了解到社会单位在物资、人文、情感方面都充分照顾到民族生，这是发挥了他们的社会责任。而我们学生就应该以正确的价值观、态度和实际行动回报社会各界对我们的关怀与支持，激发民族生感恩党和国家、感恩社会的情感。

案例2：这21个生活贫困的西藏孩子渴望读书！

你可能不知道，在遥远的西藏，有一座仅有6万人口的小县城——那曲比如县，它地形复杂、自然条件恶劣，一年中有半年时间被冰雪覆盖。

那里的孩子因为家庭贫困，苦苦地在求学之路上挣扎。他们承受着这个年纪本不应承受的生活重压。他们靠挖虫草来帮助家里减轻负担，但是能挖到的虫草数量很有限。雪山天气寒冷，有的孩子连件御寒的衣物都没有。他们的情况，深深牵动着我们的心。7月，在西藏是梦想起飞的时节。

孩子们即将开学，他们迫切需要大家的帮助。我们真诚地邀请社会爱心人士参与，共助西藏贫困学子的求学梦。

以下节选了三名学生的信息：

学生编号：01

姓名：阿切（女）；出生年份：2002年；班级：初二（9）班。

在校表现：曾当选优秀班干部，学习刻苦努力。

家庭情况：家中5口人，父母务农，姐姐在做清洁工，妹妹在读小学，全家主要依靠国家低保金生活，没有自己的房子。

学生编号：02

姓名：阿切（女）；出生年份：2003年；班级：初一（2）班。

在校表现：平时勤奋好学，热爱集体，团结同学。

家庭情况：家中5口人，父母在家务农，弟弟和妹妹在读小学，全家就靠务农和国家低保金维持生活。

学生编号：03

姓名：白拥措姆（女）；出生年份：2001年；班级：初一（7）班。

在校表现：现就读于比如县第一中学，平时勤奋好学，是个活泼开朗的女孩。

家庭情况：家中8口人，无父，家中所有经济来源于国家低保金及母亲一人务农的收入。

问题1：大家都是西藏人，如果和你对比，谁更幸福？

问题2：你们在衣食住行有保障的前提下，再与本地家庭结对，可以说是锦上添花，你是否珍惜这一机会？

问题3：相对结对的家庭说些什么吗？

教师提炼：体会想拥有幸福生活是多么不易，故更应珍惜当下，用己所能及的感恩和行动回馈社会。

设计意图：通过新闻对比，进一步坚定内地民族生感恩社会的决心和信心，激发内地民族生践行社会责任的行动和内驱力。

环节三：感谢"他们"，为"他们"鼓掌

教师指导语：根据主题讨论发言，请每人写一段简短的发言，清晰表达你想感谢的人或人们，为什么想感谢他，他的什么地方值得你学习。

设计意图：创设情境，激发学生内心感恩的情绪，由无声的文字到有声的语言，由情境联想到人，由人表达出对社会的感恩，对学生的未来会产生很好的辐射作用。

环节四：教师总结

通过此次班会，我们感受到社会和国家对内地民族生个人和集体全方位的关注和爱，我们也分享自己的感激。在未来的时光里，我们无论发展得怎样都不能忘记社会对民族生的支持和培养，只有我们各民族团结一心、懂得感恩、践行社会责任，我们必将完成我们的中国梦。

设计意图：引导学生再次感谢生命中的"他们"，感恩社会和伟大祖国对我们民族生的关怀，激发学生为"他们"尽责的强烈愿望。

附：初二学生社会实践项目

（1）与本地家庭结对，定期为结对周边市民提供志愿者劳动服务，关心慰问需要帮助的老人。

（2）回到西藏后可以在自己的社区、居委、村委等分享自己在上海的求学经历，分享自己如何独立自主、如何学会感恩帮助他人、如何促进民族融合，等等。

主题班会 懂得感恩

为"他们"尽责

——内地民族生沉浸式感恩社会教育主题班会

上海市崇明中学　蒋飞斐

上海市延安实验初级中学　王　伟

【教育背景】

初三内地民族生在两年社区、街道的关心下更好地学习、生活。在即将毕业的一年里，他们要以寝室或小组为单位，学会为社区和街道做力所能及的事，以此进一步引导学生形成感恩社会的意识。

【教育目标】

（1）通过各类媒体资料进一步激发初三内地民族生对成长过程中关心自己的社区、街道等组织的感恩之情。

（2）通过小组讨论，以走进社区、街道等形式激发初三内地民族生尽责做好社会公民的意识，立志做责任意识强、敢担当的民族建设栋梁。

【活动准备】

组织班级学生分组收集初中阶段社区、街道对内地民族生关心、关爱的图片、视频等影像资料。

【实施过程】

环节一：集体暖身

教师指导语：让我们一起来看一个情景剧……大家是否还记得剧中的周

主任呢?

问题1: 剧中的周主任曾经结对过你们的学长,通过组织活动等形式走进了大家的内心。大家觉得这对你们学长的成长有哪些影响呢?

教师提炼: 内地民族生的成长离不开社区、街道的帮助,因为社区干部、街道工作人员的鼓励和关心,同学们的课余生活才会更加丰富,今天就让我们来思考一下如何做点力所能及的事情在毕业之际回馈社会的大爱吧。

设计意图: 老师点出主题,通过情景剧让学生体验到初中阶段的成长学习离不开社会各界如社区和街道的关爱,引导学生认识到应为社区做一些力所能及的事情为社会尽责。

环节二: 学习技能,感恩社会

案例1: 旦增是2012级共康中学的毕业生,他想在毕业之际为曾经关爱他的社区和街道做些事表达深深的感谢之情。他主动联系了长临街道的周主任,表达了他想为街道和社区尽责的意愿和决心。周主任也感动于旦增的成长并欣然接受了他的提议,并给予了旦增一些建议。他告诉旦增可以尝试担任社区"爱心周末班"的小老师为周末无人看管的小学生适当辅导功课、分享学习经验等,可以担任街道的文明宣传员为居民们普及文明用语和知识,也可以成为街道睦邻中心的管理员为市民们提供各类生活服务等。旦增在初三繁忙的学习之余,接受了担任这些工作的岗前培训:他学习了对小朋友授课的技能、背诵了文明宣传语和规范的引导语,也实践了与居民们交流的模式,了解了居民们关心的民生问题及基本的解决方案。旦增尝试了几乎周主任所有的建议,他认为尽自己最大努力回馈社会对内地民族生的帮助和关爱是他应尽的义务。

问题1: 旦增学习了哪些技能?

问题2: 旦增接受的岗前培训有必要吗?

问题3: 你会学习旦增这样感恩社会的方式吗?或者你还有别的建议吗?

教师提炼: 通过阅读案例让内地民族生体验为"他们"尽责是感恩社会的有效方式,街道、社区等在衣食住行上都充分照顾到内地民族生,激发内地民族生感恩党和国家联合多方力量对内地民族生无微不至的爱。

案例2: 共康中学2015级(2)班是个特殊的集体,大部分同学的家庭条件不太好,入学初期大部分学生的成绩也一般。经过班主任吴老师多方联

主题班会　懂得感恩

系，长临街道联合区政协与2015级的同学们提供结对帮助，成立年级组"自强好少年"基金激励同学们致力于民族建设而学习，定期安排工作人员进驻（2）班了解内地民族生的所需、所想。3年的结对让2015级的同学们都养成了良性竞争的习惯，不仅在学习上，更在思想上感恩社会提供的无偿关爱。初三毕业，2015级（2）班的同学们相约排练一出感恩党和国家的音乐诗朗诵参与区政协举办的汇报演出，用他们自己的语言诉说对社会的感恩之情。毕业那天，2015级（2）班的同学们还纷纷让班主任吴老师转交和自己结对的社区或街道工作人员一封"家书"，里面记录着感谢和内地民族生学习成长攻略，也号召学弟学妹们为居民、市民做些力所能及的事情，如街道洒扫、参与敬老服务、汇报演出等宣传并感谢社会为内地民族生的无私奉献。

问题4：社会的帮助对2015级（2）班的成长重要吗？

问题5：议一议2015级同学们毕业之际写的感谢信可能包含哪些内容呢？你有别的关于服务社会的点子吗？

教师提炼：2015级的同学们学习成长的经历是社会对内地民族生班集体提供关爱和帮助的缩影。在区政协、街道和社区的引导关爱下，内地民族生更安心并在更好的环境中进行学习。民族生要学会感恩党和国家对内地民族生建设的投入和巨大付出，用自己力所能及的感恩行动回馈社会，向以后的学生弘扬党和国家传递给民族建设的正能量。

设计意图：通过小组讨论，进一步坚定内地民族生感恩社会的决心和信心，激发内地民族生践行社会责任的行动和内驱力，为制定生涯规划环节做准备。

环节三：写一写生涯规划

教师指导语：根据本堂课的讨论发言，请每人写一份简短的生涯规划给未来的自己，清晰表达你的人生目标，以此感恩社会的关爱和国家的培养。

设计意图：引发学生在课后依然保有对社会感激和尽社会公民责任的意识，由有声的语言到无声的文字，由表达对社会的感恩过渡到分享自己的生涯规划。这对民族生的未来会产生很好的榜样作用。

环节四：教师总结

通过此次班会，我们感受到社会和国家对内地民族生个人和集体全方位的关注和爱，我们也分享了自己的生涯规划。在未来的时光里，我们无论发展得怎样都不能忘记国家和社会对内地民族生的支持和培育，只有我们团结一心、懂得感恩并践行社会责任，我们才敢以民族建设为己任。

设计意图：引导学生再次为生命中的"他们"尽责，感恩社会和伟大祖国对内地民族生的关怀，激发学生为"他们"尽责的强烈愿望。

附：初三学生社会实践项目

（1）与学校附近的睦邻社区结对，定期为市民、居民提供生活服务咨询和志愿者服务。

（2）毕业后的暑期担任社区爱心暑托班小老师，分享学习经验，惠及社区和街道。

感恩老师，自我管理

上海大学市北附属中学　金　晨

上海市彭浦初级中学　陈　敏

【教育背景】

感恩是中华民族的传统美德，是当代中学生思想道德素质的重要组成部分。他们肩负国家责任，在家庭学校社会的支持下一步步地提高自己的精神文化水平，这既要感恩于我们的社会，感恩于我们的父母，也要感恩于老师，这是一种责任。在初中阶段，我们需要帮助学生加强感恩与责任意识教育，让学生们拥有坚强的意志品质，懂得感恩。

相较于普通初一学生，内地民族班的学生们初来上海，长期住校，几乎和老师形影不离，生活中被老师们无微不至地关怀着。经过一段时间的相处，学生已然可以体会到老师们方方面面的陪伴和照顾，对老师们也更加亲切和爱戴。我们适时引导学生反观自己的行为，做好自我管理，表达对老师的感恩之情。

【教育目标】

（1）让学生认识到老师对他们的关爱。

（2）激发学生做好自我管理，表达对老师的感恩之情。

【活动准备】

（1）制作初中以来的照片和视频合集。

（2）PPT制作。

【实施过程】

环节一：明白师恩，激发感情

（1）观看进入初中后的照片和视频合集。重温与老师和伙伴们一起度过的美好时光。

（2）进入初中以来，你和老师们共同经历了哪些让你难忘的事情？老师们在这段时间里是如何照顾和陪伴大家的？

学生个别回答，并交流自己的感受。

教师提炼： 老师们的爱无微不至，如同父母一般时刻萦绕在我们周围陪伴着我们。

设计意图： 用以前的照片和视频引发内地民族班学生初来上海时的回忆，让他们重温当时的青涩、快乐和感动，回忆与老师们一起经历过的点滴，感受老师们对学生诸多的付出与不易，激发学生对老师的感恩之情。

环节二：走近老师，学会理解

教师： 与老师们相处的日子已过了数月，也看到了老师们的诸多不易和辛苦，你认为自己怎样做才是在回报老师？

学生讨论交流。

教师： 你认为，老师们可能对你有怎样的期许？

学生分享个人见解。

播放视频： 身边的老师对孩子们的期许。

请学生们谈谈看完之后的感受。

教师： 你们在忙碌的学习之余，面对老师们教学、管理班级的双重压力，我们又可以怎样关爱他们呢？

教师提炼： 老师们对学生的期望非常简单，就是希望他们能成长为更好的自己。

设计意图： 引导学生了解老师们对他们的期望，与自己所猜测的进行对比，更直观地感受老师们对他们的关爱。反思自己的行为，落实于日常行动中，引发感恩之情，指导他们的行为。

环节三：感恩老师，我们在行动

（1）出示故事。小文经常在作业方面拖拉，住宿时不愿意劳动，经常和同学发生矛盾。老师因此经常关心他是否在学习或生活上有困难，并利用自己的时间帮助小文梳理知识，帮助他处理和同学间的关系。但是小文依然无动于衷。

（2）教师：小文这样的学习和生活习惯，你们有什么想对他说的吗？

（3）位置互换：如果你是小文，看到老师们不仅要关心其他同学，还要为你一个人操劳，你会怎么做呢？请和另一个同学讨论从哪些方面可以帮助小文制定计划，更好地实现自我管理。

（4）学生讨论其中一个方面，自由组合，制定出具体可行的措施。

小结：你们对小文说的话都很有道理，制定的方案也具有可行性。在生活上，我们可以实行寝室条例，自我约束；学习上，我们可以制作个性化的表格，自我评价；劳动上，我们也可以去食堂义务洗碗，帮助老师打扫办公室。相信我们班不会有"小文"，大家都会体谅老师。

教师提炼：我们在平时的生活中就要感念教师，多多理解和体谅老师。在多方面管理好自己，也是对老师的一种感谢。

设计意图：通过真情实景的对比，对学生的行为给出具体的指向，把感恩教育从小事落实。

环节四：课后拓展

（1）教师小结：感恩老师是对老师所提供的帮助表示感激，是对他们提供帮助的回报。从身边做起，从我做起，这样才能学习到民族的传统美德。

（2）拓展：制作"感恩卡"。把自己想要感恩的老师和寄语写在感恩卡上，寻找适当的时机当面交给他（她）。

教师提炼：关注生活，才能多多了解老师的付出，体谅老师的不易。

设计意图：课后的拓展制作能有效加强师生间的沟通，让学生明白师恩，常常感怀于心。

感恩老师，服务他人

上海大学市北附属中学　金　晨

上海市彭浦初级中学　陈　敏

【教育背景】

通过一年多感恩老师——自主自律活动的开展，内地西藏班的孩子们能够在老师的指导和帮助下，开展班内的各项教育教学活动。他们感受到来自班级、学校、社会的关爱。然而，"保姆式"班级管理模式下，一些学生产生了较强的依赖性。体现在班主任缺位时班级管理的无序和混乱。

【教育目标】

（1）从初一、初二班主任育人的方式变化，体会班主任方式变化的原因，进一步心怀对班主任的感激之情。

（2）通过小组合作，在他助、自助、互助中实现个人的成长和发展。

【活动准备】

（1）教师准备：召开班干部会议，了解班级管理现状及困惑。

（2）学生准备：布置学生查阅班级自主管理的相关案例。

【实施过程】

"感恩老师，服务他人"实施过程

教学内容	主持人	学生活动	设计说明
环节一："放手"也是一种爱	活动1：哪张更像如今的你？ PPT展示：对比早自修、课间、午休、班级氛围、班级活动等场景，看看有何不同。 思考：与初一相比，为何到了初二班主任"在班"管理的时间会减少。 点拨："放手"不代表"放纵"，而是爱的另一种表现。 PPT展示（或学生代表发言）：展示班主任在幕后帮助学生补短板的场景。 讲解：班主任将原本亲力亲为、手把手的活动交给我们，实则想培养我们的自我管理能力。作为年长一岁的我们更应常怀感恩之心，不断尝试在活动中磨炼自己，以回报班主任的良苦用心	以小组为单位进行活动讨论。 答：学生长大了、懂事了。班主任比较忙	该活动旨在：首先，引导学生意识到初一的活动都有老师陪伴在身边。到了初二，老师的陪伴明显减少。其次，发现教室在老师不在时异常混乱。再次，寻找对策。 通过班主任在后期呈现场景的画面，使学生意识到其实班主任始终关注着学生的成长
环节二：自主管理之我见	提问1：何为自主管理？ 小结：自主管理是学生在教师引导下进行班级一日常规、德育活动的一种模式。 提问2：你预期学校自主管理的场景是怎样的？ 提问3：对于自主管理有何困惑？ 过渡：大家有这么多疑惑很正常，俗话说："一个好汉三个帮"，有疑惑我们就发动班级力量一起来解决	答：略（事先查阅相关资料）。 生答：寝室卫生互助管理。 学习小组互助。 在班干部的协助下实现自我管理。 生答：学生会听吗？ 管理有效果吗？	通过学生之间的交流、碰撞、反馈，让学生在宽松、平和的环境下大致理解何为自主管理

教学内容	主持人	学生活动	设计说明
环节三：自主管理之我行	活动2：照片上的现象该如何完善？ 思考：请分组选出某一特点现象，并制定办法和对策，如何使自主管理有成效。 活动3：身边的榜样——组长的筛选。 思考：请各位同学说说看，在我们身边有哪些值得学习的榜样。 活动4：一日常规评价细化。 提问：我们是班级的主人，自主管理又与我们个人的成长息息相关。让我们分组、分时段讨论一下日常评价	针对一日量化评价细则。 合理分组分工。 设计人员。 奖励机制，等等。 生答：交流分享身边的榜样，以组长的标准确定人选。 生答：在评价细化模板上制定相关活动细则	通过学生之间的交流，让学生在公开民主的环境中进行商议
环节四：班主任点评	活动5：交流分享各组的细则。 各组代表分享各自的经验和方法。 过渡：不愧是群策群力的效果，在短时间内就形成了班级自主管理细则的雏形。那么作为同样是班级成员的班主任，他又有什么经验值得交流呢？ 班主任点评： 很高兴各位同学能够站在班主任的角度，通过分担班级管理的方式来感恩于老师对你们的付出。 同时，从你们热烈讨论的身影中，我也感受到了来自班集体温暖、团结的力量。这才是一个健全、成熟的班集体。 在我看来，"自主管理"本身就是感恩于他人付出的表现。从被约束走向自律的过程，需要很大的决心和勇气。常怀感恩之心你就会明白别人的用心良苦。常服务于他人才能使自主管理辐射到班级的各个角落。真正达到人人参与、合作互助、共同发展的效果	生答：交流分享各组细则和方案	班主任对班集体制定的实施方案初稿进行点评，鼓励学生拥有自主管理意识。同时不忘提醒学生要怀着感恩之心看待自主管理的落实

主题班会 懂得感恩

长大后我就成了"你"

上海大学市北附属中学　金　晨

上海市彭浦初级中学　陈　敏

【教育背景】

上海市共康中学是一所以藏族学生为主、藏汉合校的寄宿制民族中学。内地西藏班的学习，对于西藏学生而言是既特殊又难忘的美好经历。孩子们普遍性格开朗，团队意识强烈，高原气息和民族文化习俗印迹鲜明。作为七年级的学生，虽然通过一年多来的学习，已经适应了新的环境，但仍旧逃不过身心发展所带来的巨大考验。表现在：内心冲突的加剧导致的烦躁不安。少数学生会因为老师的严格要求而产生抵触情绪；个别学生甚至认为党和国家的特殊关爱、祖国内地亲人的关心支持是理所当然……这些现象背后也折射出学生感恩教育的缺失。作为内地西藏班的教育工作者，更应该注重学生的感恩教育。

【教育目标】

（1）通过了解内地西藏班的政策，进一步感受国家、学校、老师对内地西藏班学生的关心。

（2）通过"我心中的一盏明灯"活动，激发学生对老师的感激之情。

（3）通过内地西藏班前辈的经验分享，学生能领悟到未来要成为具有像老师这般高贵品格的人，以此来表达对老师的感恩之情。

【活动准备】

（1）收集内地西藏班相关的国家政策。

（2）学生准备"我心中的一盏明灯"小故事。

（3）歌曲《感恩的心》《每当我走过老师的窗前》《长大后我就成了你》。

（4）制作PPT。

（5）布置教室，制作责任树。

【实施过程】

"长大后我就成了'你'"实施过程

教学内容	主持A、B活动	学生活动	设计说明
环节一：内地西藏班的发展历程	引入：改革开放以来，中央先后6次召开西藏工作座谈会。至今，国家拨专项资金3000万元，在内地有关省、市创办西藏班，同时给予补助性资金近亿元。上海市共康中学有幸成为一所建校22年，"藏汉一家亲"的特色学校，也成为沪藏人民十分重要的情感纽带。 过渡：我们从小学一毕业就离开家乡，来到相距几千公里的上海的"家"学习生活。一年多来相信大家和我一样都在不断摸索和适应着新的环境。其实还有一群人和我们一样从西藏来到城市。让我们来了解一下他们吧	预备活动：观看PPT，了解国家政策给予西藏发展的帮助和支持，感受国家强大和民族复兴的新貌	从宏观上让学生意识到国家对内地西藏班的重视和关切
环节二：回忆师恩	素材1：在济南西藏中学有这么一位老师：他既是踏实做事、低调做人、淡泊名利的好同事；又是愧对亲情、坚守选择、架起汉藏联谊桥梁的优秀党员；他更是被学生称为"赵哥""老丹"，再到"赵爸"的藏族学生贴心人。（略） 问1：同学们，你们认为丹赵老师为何要放弃大学的高收入，而来到内地西藏班教学呢？	答：观点1：因为想念内地西藏班的读书氛围。观点2：感恩国家，报效国家。观点3：不清楚……	素材1的目的：从中激发认知冲突。从相似的经历中使学生感受到原来内地西藏班具有悠久的历史和精神上的传承。

主题班会　懂得感恩

共智汇
——上海市班主任带头人吴晓云工作室建设「实」录

教学内容	主持A、B活动	学生活动	设计说明
环节二：回忆师恩	问2：自从我们告别了父母并带着父母的期望步入学校，一年多来，我们无不思念家人和家乡的土地。按理来说，丹老师难道不爱自己的家乡吗？过渡：其实内地西藏班的孩子真的很兴奋，前不久我还看到一篇报道： 素材2：格桑达瓦，1993年毕业于安徽合肥六中，1996年毕业于成都西藏中学。现为新华社西藏分社新闻信息中心主任，高级记者。 点拨：和丹老师一样，这位在安徽就读内地班的格桑达瓦先生也是在内地班的求学中获得了知识和力量。他的传记中充满了对班主任、对生活老师、对校领导的那份爱，以及对校园的怀念。他感恩老师们传授他知识和方法，指引他人生方向。那么各位同学心目中有没有这样一盏明灯呢？ 活动：我心中的一盏明灯 从懂事入学至今，你们有没有特别想要感谢的老师，他/她在你的成长道路上指引你前进呢？请大家来分享一下吧。 讲解：同学们谈起自己的老师都心怀感激。其实从小到大我们的老师都是通过这些方方面面、点点滴滴的小事去关心你，关心着你的学习，关心着你的生活，让每一个学生都能身心健康地成长。共康中学的老师们尤其辛苦，因为为了能照顾好我们的日常起居、学习等方方面面，他们除了是老师之外，他们也承担了父母的义务。他们晚上陪我们自习、周末还要放弃陪伴家人到学校来陪我们上兴趣课。我们有任何问题他们都会第一时间表达出关心和牵挂。下面让我们来看一段视频： 《记录老师们忙碌的一天》 ——歌曲伴奏《每当走过老师的窗前》	观点2：可能在内地西藏班的学习中，他遇到了一位伯乐般的老师。 学生阅读：阅读格桑达瓦传记。 学生分享：辛勤付出、无私关爱类。 学识渊博类。 风趣幽默类。 （指4名同学详细汇报交流与老师之间发生的感人事，每人发言3到4分钟，老师在每人发言后进行点评）学生分享：辛勤付出、无私关爱类。 学识渊博类。 风趣幽默类。 将现实和记忆相互关联。 观看视频	问题目的：挖掘素材背后的故事，有意识地引导学生选好身边的伯乐——老师。 素材2的目的：通过真实案例告诉孩子，老师是一盏明灯，不断指引学生前进的方向、提供动力。通过回忆各自心中的明灯，进一步抒发对老师的依恋和热爱。从"老师"过渡现如今共康中学的老师。使学生意识到共康中学的老师与我们心目中的老师存在着同样的特质——辛勤付出、无私关爱。将现实和记忆相互关联。

教学内容	主持A、B活动	学生活动	设计说明
环节三：如何感谢师恩	过渡，讨论：苍鹰感恩长空，因为长空让它飞翔；鲜花感恩雨露，因为雨露滋润它成长；高山感恩大地，因为大地让它高耸。面对无私为我们奉献的老师，我们要用怎样的方式表达对老师的感激之情呢？让我们来听听×同学用歌声来表达爱吧！ 活动：歌曲演唱《长大后我就成了你》 讲解："小时候我以为你很美丽，领着一群小鸟，飞来飞去……长大后我就成了你。"优美的旋律让我想起了对我们人生影响至大，但又默默无闻的人——老师；	诗朗诵： 男：在我们的心目中，您就是一部写不完的故事，每一天都会有新的开头。 女：那没有结尾的结尾，总是回味无穷，有时虽然平淡，但平淡也是真，也是美——如遍布道旁的小花，清香怡人。 男：在我们的记忆中，您衣着很普通，不潇洒也不华丽，很难捕捉到流行的气息。 女：其实，您也在追求一种美，那是智慧与文明的芬芳。每当您的身姿出现在讲台，——比将军还神气。 男：一抬手，一投足，都是那么富有感召力。您瞧，几十双眼睛把您注视。 女：您抑扬顿挫的声音如同山间清泉，叮咚叮咚滋润每个人心底。 男：您和蔼可亲的笑容恰似严冬的暖流，带来人生的甜蜜。 合：踏遍千山万水，历经风风雨雨，不能	通过歌声和诗朗诵的方式，用旋律进一步抒发对老师的感恩之情

主题班会 懂得感恩

教学内容	主持A、B活动	学生活动	设计说明
环节三：如何感谢师恩	过渡：长大后未必我们人人都做老师。老师并不是职业的代名词，她更是一种精神品质的象征。老师教书育人的目的是希望我们都能健康、快乐地成长，都能收获自己的幸福，都能成为对国家、对人民、对家庭有贡献的人。 活动：诗朗诵《老师，您好》 思考：老师无微不至地照顾我们，作为共康学子，我们又该以何种方式来表达对老师的感恩呢？	忘记的就是您。 女：知识的海洋无边无际，您就像那老练的舵手，带领我们劈风斩浪驶向远方。 男：也许有一天，我们站在一起，我比您高，但我清醒地记得，是您把我高高擎起。 男、女合：您就是我们敬爱的老师，学生心中永不落的太阳！让我们发自内心地问候您：老师，您好！ 分享交流：在教师节来临之际，亲手制作贺卡；在上课前，替老师们擦好黑板；在课间，给老师倒一杯热茶；在每节课宣布下课时，对老师道一声："老师您辛苦了！"等等	
环节四：总结。许愿墙——长大后我就成为这样的"你"	活动：许愿墙 或许现如今，我们还不能像"前辈"那般抒发出对老师那般浓浓的敬意，也无法通过更强有力的方式来表答对老师的爱。但是，今天的班会课相信同学们定能学习到老师身上所具备的各种特质。让我们想象一下，长大后希望成为具有怎样品格的"你"。请大家把这个未来的"你"传送给老师，告诉老师你们准备好了。相信这就是对老师最大的感恩	交流：以小组长为代表，从起因到结果，分享自己为何要成为那样的"你"	学生用教师的品格和言行来表达对老师的敬意

夸夸我的新同伴

上海市民办新北郊初级中学　丁毅颖

【教育背景】

对于一个刚从小学毕业进入中学的孩子来说，新的环境、新的老师、新的同伴都有很强烈的陌生感和距离感。如何帮助孩子消除紧张的情绪，尽快适应新的一切，就需要从他们身边的同伴开始，建立深厚的友谊和信任感。

同伴在生活中有时比父母、老师更能帮到孩子，可以成为彼此倾诉的对象，可以在学习上互帮互助，互相提升。

而感恩同伴则是对彼此最好的肯定。

【教育目标】

（1）让孩子感受到新环境中同伴给予的帮助。

（2）感恩同伴的付出，勇于表达对同伴的谢意，增进同伴间的深厚情感。

【活动准备】

（1）收集和熟悉有关感恩的资料。

（2）准备合唱歌曲。

（3）制作多媒体课件。

【实施过程】

"夸夸我的新同伴"实施过程

教学内容	教师活动	学生活动	设计意图
环节一：引出课题	引入：学生从入校以来对周围人事物的一些客观感受进行了解剖析。 提问1：请大家谈一下自己对新学校和新同伴的感受	预备活动：说说自己来到新学校的第一感受，谈谈你对新同桌的第一印象。 生1代表答：学校很大，老师很耐心。我的同桌是语文科代表，我交作业特别方便，而且问作业细节也方便。 生2代表答：我觉得学校离我家很近。我同桌很内向，但是她会在我需要的时候帮助我，如果她能在下次体育课时和我们一起跳长绳就更好了	让大家表达目前最真实的感受，从学校出发，延伸到自己的同桌
环节二：同桌对你说	场景回忆：老师在多媒体软件上展示一系列同桌之间的对话。例如，你不要讲话了、老师来了、你过去一点、我没地方写字了、今天作业是什么、作业借我看一下、这道题怎么做、你让我出去一下，等等。 投票：让大家看看自己平时哪句话说得最多。 提问：对于这些常用会话，你有什么看法，你觉得这些体现了说话人什么样的心理和情绪？ 过渡、讲解：同桌对于你的信任、关心、约束、请求等，同桌是我们每天接触最多的人，很多事情需要同桌的帮助或者需要大家一起协同合作。所以与自己同桌友好相处很重要。先请同学们把自己和同桌的小故事写在纸上。	全体生：思考对方和自己平时哪句话说得比较多。 全体生：在多媒体上投票。 生1代表答：我觉得我不希望同桌被老师点名批评，因为他会难过。 生2代表答：我就是希望他能明白他占了太多课桌范围，不要影响我写字。 生1代表答：他抄作业被老师发现，老师让我监督他独立完成作业。 生2代表答：我数学考试没带尺子，她把自己的尺子借了一把给我。	让每位同学把自己平时相处时的点滴回忆起来，虽然很多事被忽略，却是烙在每个人心底最珍贵的回忆，让学生之间产生更多的联系。把平时大家不在意的事重新进行回忆，明白各自的想法。

教学内容	教师活动	学生活动	设计意图
环节二:同桌对你说	故事分享:邀请几位同学分享自己和同桌间发生的小故事。同时观察一下有没有同桌分享的是同一个故事。对于刚才大家分享的小故事,大家谈论一下自己的观点,说说故事中的同学身上哪些值得肯定? 过渡,讲解: (根据故事特点让学生进行分析并引导学生)	生1代表答:我的同桌是个乐于助人的好伙伴。 生2代表答:虽然她一直盯着我,但我觉得我的成绩提升了不少	虽然有时候是开心的,有时候也会有争吵,但是随着时间的推移感情还是会升华
环节三:体验感悟	情景复制: 1. 演一演:设置几个场景让同桌一起来演一演。 A. 你的同桌上课时突然肚子不舒服 B. 你的同桌把你心爱的笔弄坏了 C. 你的同桌想抄你的作业 2. 议一议:换位思考。 大家站在不同的同学角度思考双方刚才的做法是否正确,有哪些值得大家学习的地方,又有哪些需要改进的方面。 过渡,讲解: 大家的表现都很好,每一位同学都是从别人的角度出发去思考,所以老师也很欣慰,说明大家在成长,在感恩	生:找搭档一起配合演出。 生1代表答:抄作业的同学行为不可取,他的同桌做法很正确,给他改正的机会,只要他改了就可以先把他的账记下来,等以后再犯就告诉老师。 生2代表答:上课同桌不舒服,那位同学二话不说就举手向老师报告并带他去医务室,课后还帮他向其他同学把笔记借过来	既增进感情,也看配合默契程度。 每位同学处理问题的方法不一样,但只要大家的出发点是好的就可以
环节四:大合唱	合唱:《同桌的你》		通过歌曲增进感情和互动
环节五:总结	教师总结: 新的同伴会在新的学校生活中起着重要的作用,而同桌则是相处时间最长的,所以我们应该以正面积极的态度对待我们的同伴。		

主题班会　懂得感恩

教学内容	教师活动	学生活动	设计意图
环节五：总结	也许一开始会有摩擦，但随着时间的推移一定可以发现你们之间有合作，有欢笑，有深厚的情感。等到一定时间你就会发现感恩有这样一位同伴		
课后思考	给你的同桌写一封信，告诉他（她）你想对他（她）说的话		

众人拾柴火焰高

上海市大同初级中学　汪　妍

【教育背景】

感恩是一种处世哲学，也是生活中的大智慧。怀有一颗感恩之心，能帮助孩子们在人生道路上寻求快乐。感恩是中华民族的传统美德，它不仅是一种文明，也是一种美好的情感，更是一种责任。

对于现在的初中学生，拥有的太多，反而对于他人的帮助，有一种"理所当然"之感，在与人相处中，缺乏感恩意识，也缺乏主动奉献配合的责任担当。

针对以上现象，结合具体实际，特别设计这节主题班会课。希望通过班会课的方式，激发学生的感恩意识，明确合作中的责任担当。

【教育目标】

（1）通过同伴合作，体会同伴给予的帮助，激发对同伴的感恩之情，体会感恩的重要性。

（2）学会在日常生活中给予同伴帮助，践行感恩、履行责任，用实际行动回馈同伴。

【活动准备】

（1）收集和熟悉有关感恩的资料。

（2）搜寻相关实例和短片。

（3）准备游戏所需材料。

（4）制作多媒体课件。

【实施过程】

"众人拾柴火焰高"实施过程

教学内容	教师活动	学生活动	设计意图
环节一："二人三足比一比"	引入： 组织游戏：两人并排站立，一人左腿与另一人右腿的膝盖以下脚踝以上部分用绳子绑上。从起点处开始出发，至对面标志处折回，返回起点处，再将绳子解开后，交给下一组队员进行比赛，最后以完成时间长短进行排名。 提问1-1："在比赛中为什么你们组跑得那么快呢？/为什么会最终失利呢？" 提问1-2："观看过程中，你觉得为什么A组会获胜？"	预备活动：选派选手：每组选派2人参与游戏。 分享讨论：参与游戏的学生和观看的学生，分享、讨论游戏中的收获。 生代表答1-1：我和我的搭档速度快，是因为我们约定好了口号，1是左脚，2是右脚。 我们没配合好，我们定了口号，但是我想往这里走，他想往那里走。 生代表答1-2： 我觉得A组赢是因为他们互相合作，比赛时也照顾到了对方。 我觉得A组配合得好，C组两个选手都只想对方按照自己的节奏	通过"二人三足"游戏让学生在体验中，体会到许多事情都是需要两个人合作才能完成，引入课题，让学生体验、观摩，去思考同伴给予的帮助
环节二：观看"F1赛车比赛片段"	思考：请同学们观看F1赛车视频素材，分析夺冠背后的原因。 视频素材：2019汉密尔顿F1中国分站赛夺冠。 提问2-1："你觉得为什么汉密尔顿能够夺冠？" 提问2-2："只靠技术好就可以夺冠吗？" 提问2-3："那你们觉得汉密尔顿夺冠后，会感谢谁？" 过渡，讲解：尽管赛场上，只有汉密尔顿一人驰骋，	生：观看、记录，互相讨论。 生代表答2-1：汉密尔顿开赛车很果断，他开车水平高，他很敢拼。 他车技好。 …… 生代表答2-2：尽管他开得快很重要，可是车队换胎速度快，也很重要。他比赛时，车队一直在通过无线电给他情报，我觉得这	从具体的事例中看到，个人能力很强的汉密尔顿，也需要团队配合才能赢得比赛，从现象中提炼"感恩"

教学内容	教师活动	学生活动	设计意图
环节二：观看"F1赛车比赛片段"	可是，一场比赛中有那么多因素导致了他的成功，有那么多人帮助他，使他成功。所以，正如你们猜测的那样，汉密尔顿曾在获奖时，感叹道："老实说，我很骄傲，真的，但也超级感激这支难以置信的车队，以及梅赛德斯的所有人，他们一直全力推动着我们"	个也很重要。赛车本身性能很好，也帮助了他夺冠。 …… 生代表答2-3： 他的车队。 他的队友。 他的车迷	
环节三：议一议"我的好帮手"	思考：请同学们观看校园活动的视频，谈谈班级同学给予自己的帮助。 视频素材：播放学校生活中同学集体活动的片段，组织学生议一议同伴在这些活动中的作用（校际运动会、研学小组活动、趣味运动会、小组实验等）。 讨论："这些活动中，我们的同学都不是单枪匹马地独干，而是携手共同完成，仔细思考一下，哪些同伴在活动中给予了你帮助呢？你也像汉密尔顿那样表达一下谢意吧。" 过渡，讲解：看来，同学们也体会到了在日常生活中来自同伴的帮助，也在刚才那个环节中表达了自己的感激之情。老师看到，当你们在表达感激的时候，被你们感谢的同学的脸上也溢满了笑容	生：观看视频，思考日常活动中同伴给予的帮助，在班级中交流分享。 生答：在趣味运动会中，我们获得了第一。我们一组5个人，在活动中，都步调一致，当时，我掉球了，他们也没有责怪，而是互相鼓励。我感谢我的组员们。 小组生物实验时，要解剖鲤鱼，我有点害怕，不知如何是好。我的搭档尽管也有点害怕，可她还是耐心地鼓励我，并且帮助我克服恐惧，最后我们的解剖很成功。我很感谢她，在我紧张的时候，没有催促我，而是耐心地等待和支持	通过对校园一次次活动中同伴给予帮助的思考和分享，激发学生对同伴的感恩之情
环节四：论一论如何"众人拾柴火焰高"	过渡："让我们采访下，被点名感谢的同学，看看他们为什么那么乐于助人？" 讨论：同学们的发言很好地诠释了作为中学生的我们，如何在合作活动中践行感恩。	生答：因为本来是一个集体项目，需要大家的配合，我也从别的同学那里得到了帮助。互帮互助是应该的。	通过制作"互帮互助"墙，思考如何在具体合作活动中，

主题班会　懂得感恩

共智汇
——上海市班主任带头人吴晓云工作室建设「实」录

教学内容	教师活动	学生活动	设计意图
环节四：论一论如何"众人拾柴火焰高"	请大家列一列，贴在我们的"互帮互助"墙上吧。	生答：在小组比赛中，积极配合组员，而不要逞个人英雄。在组员有难时，不能落井下石，而应该出手相助。 组员犯错或失误时，比起责怪，更要给予鼓励和支持	表达感恩，明确学生的责任意识
环节五：总结	教师总结：同学们，我们今天的收获，离不开班级同学之间的合作。合作是一件令人愉快又非常有意义的事情，在你享受成功喜悦的时候，不要忘记站在你身边的伙伴，是你们一起的携手，让一次次的不可能变成了可能。老师希望在你们未来的道路上，能找到更多志同道合的伙伴一起携手走向更加光辉灿烂的明天		教师总结归纳，学生在生活中，通过合作体会感恩、践行感恩
课后思考	开展"互帮互助"班级学习小组活动		

互相支持，同窗情谊

上海市大同初级中学　汪　妍

上海市民办新北郊初级中学　丁毅颖

【教育背景】

感恩，对于我们来说是一个熟悉而陌生的字眼，也许我们都不曾理解过感恩的真正含义，然而，在我们身边却存在着无限恩情需要我们去感受，去回报。

初三的学子面临学业压力、课业负担以及青春期的一些问题时，常会找自己的好友倾诉。同伴间的互相鼓励和支持成了支撑学生们勇于面对困难和挑战的力量。

在日常学习、生活中，学生对于同伴所给予的关爱体会较少，如何开阔同学们的视野，让他们体会到同伴给予自己的这份关怀与力量，并且把这种爱付诸实际行动，是本次主题班会课所要解决的问题。

【教育目标】

（1）让学生了解同伴之间互相支持、鼓励的同窗情谊，感恩在初三生活中共同奋进的"战友"。

（2）学会在生活中体谅同伴、支持同伴、鼓励同伴，携手共进。

【活动准备】

（1）收集和熟悉有关感恩的资料。

（2）搜寻相关实例。

主题班会　懂得感恩

（3）准备心理剧所需材料。

（4）制作多媒体课件。

【实施过程】

"感恩有你"实施过程

教学内容	教师活动	学生活动	设计意图
环节一："解忧杂货铺"	引入：相信不少同学都读过东野圭吾的《解忧杂货铺》吧，在小说中，人们将困惑写成信投进杂货铺，奇妙的事情就发生了。 初三的生活对你们而言是一种难得的体验。作为初三的学生，你们面对着学习的压力、自己对未来的迷茫、青春期的烦恼，对现在的生活一定也有着自己的困惑吧。今天我们就开一个"解忧杂货铺"来收纳一下大家的困惑吧。 议一议：分享初三生活中的困惑。 提问1-1："大家的生活中有着这样或那样的困惑，这时，大家会找谁倾诉自己的烦恼呢？父母？老师？朋友？"	预备活动：同学们交流自己在现阶段的困惑。 生代表分享：初三每天的生活节奏都很快，有时过多的信息量，让我有点喘不过气来。 我觉得我的父母也挺紧张的，而且他们的紧张也影响到了我，我也不知道怎么跟他们说。 上周数学考试失利了，我感觉找不到之前的良好状态，有点焦虑。 生代表答1-1： 我会找老师，因为我觉得他们的经验比较丰富，可以给我一些意见。 我会找父母，因为他们应该比较理解我。 我会找自己的朋友，因为觉得和老师或者父母沟通会有代沟。 我会找朋友，因为对于他们我可以敞开心扉	通过分享自己的困惑，思考自己遇到困惑时会向谁来倾诉，引发学生思考，引入本课主题
环节二：观看心理剧"小阳的烦恼"	过渡："看来不少同学会选择找朋友倾诉呀！确实，朋友的陪伴能给予我们力量，而今天也有一位初三学生想要分享一下她的困惑，让我们来听一听。"心理剧："我是女生小阳，虽然多愁善感，却善良可爱。学习成绩也不差,在班里总是名列前茅。初中的时间过得飞快，	生：观看、记录，互相讨论 生代表答2-1： 小阳学习止步不前了。 小阳遇到学习瓶颈了。 小阳很焦虑，她的焦虑影响到她的状态。 ……	通过心理剧，让同学们去感受小阳同学的困惑，

教学内容	教师活动	学生活动	设计意图
环节二：观看心理剧"小阳的烦恼"	一转眼，我就是一名初三毕业生了。紧张的学习节奏伴随着'要考名校'的学习压力，让我有点透不过气来。让我费解的是，我一直在很努力地学习，可是学习成绩却不断下滑，马上一模要来了，一模的区定位关系到推优和自荐，这又让我焦虑不堪，状态越来越差，特别是现在的数学堂测，每每到最后一道大题，我都不能集中精力思考，我该怎么办？谁能帮帮我？" 提问2-1："小阳怎么了？" 提问2-2："她为什么会这样呢？"	生代表答2-2： 初三节奏比较快，她还未适应。 她对自己的要求比较高，学习压力比较大	为后面出演心理剧，体会同伴间的支持做铺垫
环节三：演一演"小阳的烦恼2"	过渡："那我们何不来帮帮小阳同学。你或许是她的父母，或许是她的老师，又或许是她的朋友，请每个小组派一个代表上来抽身份签，然后试着演一演，以你的这个身份，你会怎么帮助小阳，也请其他同学看完表演后议一议，如果你是小阳，你最终会选择谁来倾诉。" 思考："如果你是小阳，你会选择谁来倾诉，为什么？" 过渡："在分享中，不少同学选择了同伴作为倾诉的对象。确实，父母、老师、同伴都能为我们解惑，父母老师阅历丰富，会给予我们有效的建议，不过，同伴间的依靠和支持对于我们而言，其作用也不容小觑。"	学生表演心理剧。 学生观察、记录、互相讨论。 分享： 我会寻找同伴，因为我觉得他们很懂我，知道我的压力，而且不会一直摆道理。 我也会寻找同伴，因为我们一起经历初三，我的问题他们也会有，跟他们说，反而没有负担。	通过演一演心理剧、议一议心理剧，让同学们感受到同伴互相支持、鼓励、陪伴的力量，引导他们去体会在自己遇到困难时同伴帮助的那份情谊，激发他们的感恩之情
环节四：体验感悟	分享小故事：每位同学回忆一下进入初中的这些时光，难免会遇到一些挫折令自己沮丧难过，甚至放弃自己所追求的未来。	生1代表答：一模前夕总觉得很慌张，对未来很迷茫，	有些事对同学来说是最平常的事，

主题班会 懂得感恩

教学内容	教师活动	学生活动	设计意图
环节四：体验感悟	那么究竟是谁在你身边鼓励你帮助你，带你走出困境，重新看到希望呢？ 操作：在你们的纸上写下简单的故事经过，让它成为一个"漂流瓶"带给我们大家寒冬中一丝温暖。 互相打气：给曾经帮助过你的小伙伴送上你最真切的感谢语，同时现在面临初三这一紧张又难忘的阶段，也请你为你的同伴送上祝福和鼓励的话，你可以选择当面向他（她）诉说，你也可以选择写信送给对方	所以我的好朋友一发现我有心事，就会放学买杯奶茶给我，让我觉得好很多。 生2代表答：我的数学一直是最不自信的学科，我的伙伴是数学科代表，所以经常帮我额外补课。 大家写在纸上等课后送给对方	但是对于被帮助的同学来说也许会记一辈子，所以以伙伴会改变一个人以后的许多想法和做法
环节五：大合唱	全班一起合唱歌曲《阳光总在风雨后》		
环节六：总结	在初三阶段，同伴是一种心灵的寄托，是在低谷时期一起努力的支柱，是一起享受奋斗果实的战友。所以同伴是指引我们前进的最佳人选。无论大家中考结束后去向何方，都要记得定期和自己初中的同伴保持联系	生1代表答：让我知道我的同伴是我一辈子的至交。 生2代表答：虽然我不太会表达自己，但是我会用行动来回报他的	
课后思考	课后大家给自己的同伴写一封信，内容自拟		

社会实践

践行感恩

一日我当家

——感恩父母社会实践活动方案

上海市杨浦区回民小学　金丽雯

【活动目的】

（1）通过"一日我当家"活动，学生体验一天忙碌的家庭生活，感受父母平时的辛劳付出。

（2）通过"一日我当家"活动，教育学生在家庭中要关心父母、体谅父母、感恩父母。

（3）通过实践活动，培养学生的责任心，提高自主管理能力，增进亲子交流。

【活动安排】

（1）经结对家庭协商，在国庆节7天里选一天为"Family Day"，家庭活动日主题由两个结对学生自定义，如"读书日""运动日""郊游日"。

（2）请两个结对学生提前做好"一日我当家"家庭活动计划，同时做好一天合理开销预算（建议人均100元）。

（3）活动结束，两名学生和家长一起完成"一日我当家"家庭日活动记录单。

（4）班主任老师组织学生进行"一日我当家"活动汇报。

（5）根据每个家庭的学生汇报和"一日我当家"家庭日活动记录单，评选出"优秀小当家"。班级汇总到年级，进行表彰鼓励，以期待下一个家庭活动日的开展。

附：

"一日我当家"家庭日活动记录单

班级：	姓名：	时间：	参与者：
家庭日主题：			
家庭日主要内容：			
活动照片：			
家庭日活动孩子感言：			
家庭日活动家长评语：			

社会实践　践行感恩

家务我能行

——感恩父母社会实践活动方案

上海市回民中学　徐洁岚

【活动目的】

（1）学会感恩，学会承担责任，能体谅父母对自己的付出。

（2）树立"自己的事情自己做，家里的事情帮着做"的观念。在家庭中主动承担力所能及的家务劳动，形成良好的劳动习惯和积极的劳动态度。

（3）崇尚劳动、尊重劳动，懂得劳动最光荣、劳动最崇高、劳动最伟大、劳动最美丽的道理。

【活动安排】

围绕"家务我能行"，展现自己一天所做的多项家务劳动；也可以选择一项家务技能，如炒菜、做点心、洗衣服、打扫卫生、整理房间、美化家庭环境等方面，展现自己在家务劳动中的一技之长。以照片、微视频等方式记录下自己进行家务劳动的过程和成果，写下自己真实的微感言。

家务任务单

第一级：每日必做款			
序号	项目	时间	具体内容
1	整理床铺	2分钟	每天起床后，将自己的被子叠放整齐，将自己的床铺平整
2	摆放碗筷	2分钟	饭前，为家人盛饭，摆放好碗筷
3	收拾碗筷	3分钟	饭后，收拾碗筷，放到指定位置
4	整理书桌	5分钟	完成学习后，整理好自己的书桌，保持整洁
5	清洗衣物	5分钟	清洗自己每日更换的贴身衣裤袜

家长的希望：这些家务活都是每天都要完成的，希望你能坚持下来。这些家务如食材中的盐一般，虽然简单，却是必备品。相信你在实践中能感受到生活的点滴美好

第二级：每周必做款			
序号	项目	时间	具体内容
1	整理房间	20分钟	整理书桌，保持书桌整洁 扫地、拖地，保持房间地面整洁 整理房间，保持窗明几净

家长的希望：这些家务活需要你在周末完成。舒适的环境能带给你更好的学习状态。希望你通过自己的劳动获得最舒适的生活环境，并珍惜这份来之不易的美好

第三级：生活探索款			
序号	项目	时间	具体内容
1	购买物品	30—60分钟	和父母一起去超市、集市购买生活所需用品
2	美食烹饪	30—60分钟	和父母一起烹饪食材，享受美味
3	家具摆放	不定	和父母共同设计家具的摆放位置，改善家居环境
4	辅助维修	不定	辅助父母进行一些维修，如换灯泡、修门锁等
5	照顾弟妹	不定	长兄长姐可以替父母照顾家中幼儿。独生子女可以在节假日家庭聚会时照顾家族中的弟弟妹妹

家长的希望：我们知道你的学业负担很重，但我们还是希望你能参与到更多的家庭活动中。我们可以一起做一些你感兴趣的事情，分享我们彼此的观点

社会实践 践行感恩

遇见"字"己

——感恩父母社会实践活动方案

上海市回民中学　徐洁岚

【活动目的】

（1）学会感恩，学会承担责任，树立正确的信念。处理好与自我、与他人、与社会的关系，为成为合格公民、向社会迈出坚实步伐做好重要准备。

（2）在充分的自我认识和社会理解的基础上，掌握学业规划与职业规划的主要方法，综合各类信息，平衡个人发展和社会发展的需求，制定适合自己的学业发展目标和计划，初步设计合理的职业和人生发展路径。

（3）接受传统文化，学习传统文化，发扬传统文化。

【活动安排】

（一）了解"取字"的历史渊源

古人一般有两个代号，一是名，二是字。

据《颜氏家训》记载："名以正体，字以表德。"意思是说起名是为了分彼此，取字是为了明尊卑。

古代婴儿出生后三个月由父辈取名（当然，亦有一说是出生后即可取名了）；而"字"又叫"表字"，是除本名外另取一个与本名有所关联的名字，男子在20岁行冠礼时取字，而女子则是到了许嫁之时（一般是15岁行笄礼）加"字"，所以古代未婚女子要说自己单身，则一般用"待字闺中"来表示。

字是一种尊称，所以在人际交往中，名一般用作谦称、卑称，或上对下、长对少的称呼。平辈之间只有很熟悉、交情很好的时候才能相互称名。下对上、卑对尊写信或称呼时，一定要称对方的字，绝对不能称呼对方的名。尤其是面对自己父母长辈的时候，名是连提都不能提的，否则就是"大不敬"。

名与字是有关系、关联的。有的是意义上的联系，有的是意义上的相辅，也有少数是意义上的相反。另外，古人的名与字还有取自古典籍的。

（二）取字活动

1. 为别人取字

慎重地为自己学习团队中的小伙伴推荐一个与他们大名相关的字，并说明推荐理由，作为新年礼物送给小伙伴。

2. 为自己取字

（1）询问父母，自己大名的由来和意义。

（2）思考自己的大名还有什么新的意义。

（3）根据自己的大名、自己的经历、自己的愿望、同学赠礼，如果愿意还可以参考古代典籍，和父母一起为自己取一个最好的字，写下选择的原因。

（三）制作名片

制作《遇见"字"己》九宫格（PPT）。

附1：

古人的名与字

阅读材料：

例1：曹操，字孟德，"德"与"操"出自《荀子》"夫是之谓德操"一句。

例2：周瑜字公瑾，诸葛瑾字子瑜，"瑾""瑜"都是美玉，《左传·宣公十五年》就有"瑾瑜匿瑕，国君含垢"一句。

例3：赵云，字子龙，取自《周易》"云从龙，风从虎"，就是云由龙所生，风由虎所造，如果赵云的哥哥叫赵风的话，那也就是赵子虎了。亦由此可见，名与字是有关联的。

练习：

说说下列古人的字，并思考他们的字和名有什么联系。

找出古人的字并找到与名字的联系

名	字	联系	名	字	联系
杜甫			李白		
王维			张九龄		
王昌龄			孟郊		
韩愈			柳宗元		
杜牧			李商隐		
元稹			白居易		
苏轼			苏辙		
辛弃疾			陆游		
王安石			欧阳修		
秦观			黄庭坚		

附2：制作一张个人名片

遇见"字"己贺卡封面

遇见"字"己贺卡内容整理

你的姓	你的名	你的字
姓氏起源	名的含义	字的含义
你的大头照	父母的期望	自己的期望

我们是互助小家庭

——感恩同伴社会实践活动方案

上海市大同初级中学　汪　妍

上海市民办新北郊初级中学　丁毅颖

【目的和意义】

（1）让同学们在进入新的中学环境后对自我生活和学习能力技巧有一个全面的认识。

（2）以寝室为单位，大家互相取长补短，帮助学习或生活有困难的同学快速成长。

（3）通过组织同学们参与此次活动增进彼此感情的同时能尽快适应独立的校园生活。

【形式和内容】

（1）通过统计表的形式，每名同学对自我优缺点做一个全面分析。

（2）以寝室为单位，以分工互助的形式，让每名同学都能发挥自己的强项，提升自己的不足之处。

社会实践　践行感恩

【活动流程】

1. 制定自测表格

例：

自测表格

寝室名称：××××						
组员						
擅长之处						
待提升						

（注：擅长处和待提升方面可以是生活自理、人际交往、性格方面、学习方面等）

2. 每个寝室制作好表格后进行分工

例：

分配工作表

姓名	角色	工作内容
小明	待提升人	在一个月内提升自己的数学成绩
小金	策划人	进行详细的分工，并根据待提升人的情况进行调整
小王	技术指导	在数学课后对待提升人进行辅导
小陈	记录员	记录待提升人在各类作业考试中的进步情况
小孙	监督人	监督每个环节人员的工作情况和态度
小吴	评价人	对待提升人在整个过程中的表现和呈现出的成绩做一个客观评价

（注：分工需按照独立个人计划，即一个寝室6名同学就要制定6张表格）

3. 活动周期及安排

按照一个寝室6名同学来计划，一个月针对一名同学进行结对帮助活动，因为刚进学校，一般以生活自理能力不足的同学为优先。一个学期下来基本能够为寝室的每名同学都提供同伴的帮助。

【活动评价】

到学期末将每位评价员的评价收集好，在班级中进行展示，结合一个学期下来大家的感受评出十大提升最快同学及十大杰出贡献同学。

我是小小策划员

——感恩同伴社会实践活动方案

上海市大同初级中学 汪 妍

【目的和意义】

（1）让同学们在发现合作中得到同伴的帮助后，怀着一颗感恩的心借此活动去感激他们。

（2）通过自己的行动，深化自己对爱的认识，在心里播下感恩的种子。

（3）通过组织同学们参加此活动，激发同学们的感恩意识，培养他们良好的责任感。

【形式和内容】

（1）开展"小小策划员"活动，以轮流组长的形式，利用班集体活动机会，让每个学生以策划组长的身份策划一次集体活动。

（2）利用班级板报等宣传平台，分享交流心得。

【活动流程】

1. 学期根据班级计划，各小组选择集体活动

例：升旗仪式、10分钟队会、研学活动分享会、班级迎新班会、校科技节科技项目等。

2. 选择策划活动后，上交策划组人员安排表

例：下表为某次10分钟队会策划分配表。

某次10分钟队会策划分配表

内容	责任人	备注
总统筹	小A	工作包括分配任务、人员协调、现场活动统筹安排等
活动策划	小B、小C	围绕主题,设计10分钟主题活动的各个环节
PPT制作	小D	制作主题队会PPT
主持人	小E	负责当天主持活动的串词,并负责当天活动的主持
摄像	小F	负责队会当天的拍照和录像工作
宣传稿撰写	小G	负责撰写活动后的新闻稿

3. 上交活动流程表

例:下图为以"垃圾分类"为主题的10分钟队会流程图。

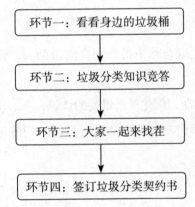

以"垃圾分类"为主题的10分钟队会流程图

4. 撰写活动记录

由"小小策划员"就本次活动策划中的感悟体验,以及对本次活动的反思和修改意见,形成活动记录档案。

【活动评价】

每学期期末,根据策划员组织的班级活动,评选"机智策划员""幽默策划员""魅力策划员"等,对策划员们的工作进行过程性评价。

每月一封信

——感恩同伴社会实践活动方案

上海市大同初级中学　汪　妍

上海市民办新北郊初级中学　丁毅颖

【目的和意义】

（1）让学生回顾初中生活特别是初三这一年来自同伴的关爱。

（2）通过写信，学生用文字的形式表达感恩，鼓励同伴，体会自己对他人的力量。

（3）通过组织同学们参加此次活动，激发同学们的感恩意识，培养他们良好的责任感。

【形式和内容】

（1）开展"每月一封信"活动，以小组为单位，每月的月底组员之间按序互相写一封信，让同伴之间互相鼓励，一起在初三奋勇拼搏。

（2）在期末开展读信交流活动，分享最让你感动的一封信。

【活动流程】

（1）学期根据小组名单，各小组上报小组写信名单。

社会实践　践行感恩

例：A组名单。

A组写信名单

9月写信结对名单	11月写信结对名单
小A→小B	小A→小D
小B→小A	小D→小A
小C→小D	小B→小C
小D→小C	小C→小B
10月写信结对名单	12月期末分享交流
小A→小C	
小C→小A	
小B→小D	
小D→小D	

（2）确认名单后，每月月底上交书信，并装入信封。

（3）期末开展"每月一信"交流活动。

例：下图为某月"每月一信"班会流程图。

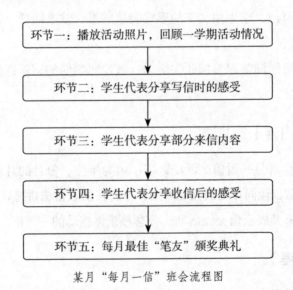

某月"每月一信"班会流程图

【活动评价】

每学期期末，由学生提名，评选"每月最佳"若干，对学生进行过程性评价。

回馈社会的培养

——感恩社会实践活动方案

上海市延安实验初级中学　王　伟

【目的和意义】

（1）通过活动，内地民族生感知社会在生活和学习上对他们无微不至的关怀。

（2）让内地民族生明白自己作为新时代中国学生的学习任务。

（3）通过学习优秀的时代榜样，奠定人生初心，明确社会使命。

【形式和内容】

（1）同学们通过头脑风暴说说自己在学校最快乐的一天，在感恩树上写上美好生活的物质保障、最想感恩的老师和身边温暖的人。

（2）通过将内地民族生比作树木，思考自己作为一棵正在茁壮成长的小树，应该如何发挥"材"能，回馈"大自然"，树立坚定的理想信念。

社会实践　践行感恩

【活动流程】

1. 诉说最快乐的一天校园生活

例：

一天校园生活

这一天在什么季节、什么时候发生的呢？	回忆一下在哪里呢？	能具体说说那天发生了什么吗？	学校最让你喜欢的一点是什么？

2. 填充感恩树

感恩树

例：请你写下美好校园生活的物质保障、你身边温暖的人、你喜欢的老师等你想感恩的人与事物，并思考如果你是一棵树，长成一块木材后你想变成什么。

阅读优秀的民族青年事例，思考：

（1）竹马（化名）是一名共康中学毕业的优秀民族生，他毕业后回到家乡成了一位扶贫名人。思考一下，竹马回到家乡参与扶贫的根本原因是什么？

（2）他是如何选择人生使命的？他的选择正确吗？

（3）如果你是竹马，你会做出一样的选择吗？

（4）如果你是一棵树，你想如何感恩社会，成长为什么样的人"材"？试着为自己也制定一份未来人生的规划书，并说说这么规划的原因。

3. 我在故事中学到了什么

例：观看爱家乡爱祖国的竹马的成长故事。

故事梗概：真诚是竹马的处世之道。竹马的家乡很美丽，但远谈不上富裕，甚至还有些贫穷，而且很偏僻，但他真心爱自己的家乡，爱自己的亲人，爱自己的朋友，爱自己的小白马，爱自己的牦牛，这一切都是发自内心的自然冲动和驱使，丝毫不沾染功利之心。近期，竹马的"真诚"让他在当地小有名气，大家对他非常关注。他的家乡是里唐（化名），一个国家级贫困县。竹马在沉淀了自己的初心后，果断选择为宣传和打造自己的美丽家乡做出属于自己的贡献，感谢家乡的养育和社会的关注。

【活动评价】

从以下角度对自己和同伴的人生规划书进行打分并给出建议。

自己和同伴的人生规划书评价表

评价维度	分数	建议
在规划中是否能体现自己的价值		
规划是否能为身边人带来快乐和价值		
规划是否能回馈社会对自己的培养		

社会实践　践行感恩

别样的香囊　寒冬的温暖

——感恩社会实践活动方案

上海市延安实验初级中学　王　伟

上海市崇明中学　蒋飞斐

【活动目的】

香囊是中华民族传统文化的产物，是越千年而余绪未泯的传统文化的遗存和再生，它寓意着美好与祝福。学生通过亲手制作中药香囊，体会中华民族传统文化魅力，又发展了学生的动手能力，提升了同学间的协作、互助意识。

再由学生将香囊分发到一线环卫工人手中，在寒冬中传递一丝温暖，感谢他们不辞劳苦、坚守岗位，让学生体会到我们城市的美好是有这么一群人每天都在默默付出，为我们的城市增光添彩，我们也要用实际行动去感恩社会。

【活动形式】

师生分组进行防流感香囊的制作。

实地参观环卫工作站点，了解环卫工人的日常作息与工作环境。

以向劳动者分发的形式回馈社会，助学生成长。

【活动安排】

（1）购买成品香囊500个，中药材（川芎、白芷、荆芥、薄荷、广藿香、紫苏叶、辛夷、生苍术、冰片）。

（2）组织学生分工合作按比例统一制作防流感香囊（川芎1.5g、白芷1.5g、荆芥1.5g、薄荷1.5g、广藿香1.5g、紫苏叶1.5g、辛夷1.5g、生苍术3g、冰片3g）。

（3）抽选学生代表前往环卫站点，将香囊赠予站点每一个工人。

【活动特色】

本次活动的一大特色就是学生亲自动手制作，在制作过程中可以领略中华民族千百年来中草药文化的博大精深，感受中国传统中医文化的魅力。学生亲手制作更具有劳动教育意义。第二大特色是，学生亲自前往环卫站点，实地看望环卫工人的工作环境，才能深刻体会到劳动人民为守护美丽家园所付出的艰辛，有了制作香囊和实地前往的所观所感之后，亲手赠送香囊更能激发学生对社会的感恩之情。

做客"红门"睹消防风采

——感恩社会实践活动方案

上海市延安实验初级中学　王　伟

上海市崇明中学　蒋飞斐

【活动目的】

（1）全面加强消防安全宣传教育，唤醒学生关注消防安全。

（2）通过参观、交谈、体验、互动，感受消防官兵为保卫国家和人民安全所付出的艰辛与努力。

（3）树立正确的人生观、价值观，培养学生坚忍不拔的品质和社会责任感，在活动中仔细体会感恩社会。

【活动形式】

以分组参观和访谈、赠送学生文集的形式感谢消防官兵对学生成长的呵护。

【活动准备】

班主任提前与消防中队协商活动时间。

准备访谈、交流、互动内容。

准备学生文集。

【活动安排】

班主任带领同学们前往消防中队：

（1）参加升旗仪式。

（2）参观消防队营房。

（3）观看消防官兵训练。

（4）消防官兵专业技能展示。

（5）参观荣誉陈列室。

（6）与消防官兵进行文体互动。

（7）消防体验。

（8）观看出警演习。

（9）写一篇参观后的个人感悟。

（10）评选优秀学生作文整理成册赠送给消防官兵，弘扬正能量。

【活动特色】

带领学生前往熟悉而又神秘的消防队，学生把从书本或者电视上看到的各类相关内容变为现实，亲眼看见，身临其境，必然会有所思考与感悟。感悟大家安定和谐的生活环境背后，有这么一群人在默默地为我们守护，保障人民生命、财产安全，从而激发学生的感恩之情。

社会实践　践行感恩

把最真诚的祝福送给老师

——感恩老师社会实践活动方案

上海大学市北附属中学　金　晨

上海市彭浦初级中学　陈　敏

【活动背景】

入校一年来，内地民族班的孩子们感受到了来自学校领导和教师的关爱。然而，出于内敛、害羞等原因没有机会表达对老师的这份感恩之情。通过这次活动，一来锻炼班干部队伍，二来引导学生学会表达对老师的爱。

【活动形式】

将入校一年多来你最想对某位老师说的话以书信的方式，图文并茂地记录下来。

【活动周期】

暑假启动，在教师节前一周汇总。

【活动目的】

利用写信、读信、寄信等方式，让学生个体回忆老师对自己的点滴帮助。同时在读信的过程中，让学生群体互相分享个案，多维度激发学生对老师的感恩之情。在寄信活动中，学生初步体会感恩老师的形式和过程，鼓励学生以多种方式表达对老师的感恩之情。

【活动准备 】

（1）成立活动组织委员会，在班委的组织协调下，于6月底前讨论本活动方案，落实物品采购等项目。

（2）于9月10日教师节前，由专人制作大信箱。

【活动过程 】

（1）8月中旬，利用线上平台，班委召开班级学生大会。在会议中告知学生"老师，我想对您说"的三个环节。要求同学们用给定的彩色信纸写下自己对某位老师的祝福。

（2）在班级教师门口放置感人信箱。

（3）学生代表对学生来信进行分类，并装进不同的许愿瓶中。从中挑选10位代表分享10个感人的瞬间。

（4）教师节当天请学生代表将写满感恩祝福的许愿瓶送给老师。

【活动特色 】

（1）该活动亮点在于学生自发组织、协调，全员参与。班主任在活动前期要开一个小型座谈会，选取合适的组织者和策划者。

（2）班主任在后期要以被赠予方的身份，一来表示对学生的感谢，二来鼓励内地民族班的孩子大胆说出对老师的感恩。

社会实践 践行感恩

让我们来做一天班主任

——感恩老师社会实践活动方案

上海大学市北附属中学　金　晨
上海市彭浦初级中学　陈　敏

【活动背景】

在七年级开展"将感恩祝福送给老师"活动后，内地民族班的孩子越发热爱班集体。班级里也涌现出一批阳光、开朗、有能力的班干部。为了让班干部能够在班级管理中独当一面，进一步培养学生的主人翁意识，特开展"让我们来做一天班主任"实践活动。

【活动形式】

"职业"体验。

【活动周期】

持续一个月时间。

【活动目的】

（1）培养班干部班级管理的意识、能力和方法。

（2）充分调动更多的孩子参与到班集体自主管理中。

【活动准备】

（1）讨论班规的制定。

（2）讨论"班主任"一日管理细则的制定。

（3）讨论由谁来担任"班主任"。

【活动过程】

（1）班主任通过班会、民主投票的方式，制定被学生广泛接受的班级公约。

（2）学生邀请班主任介绍"一日带班几件事"。

（3）由学生制作微视频，向同学们介绍班主任的一日班级管理。

（4）班干部制作"班主任"评价量表，用于评价"班主任"的一日管理。

（5）以周为单位，选出4名"班主任"，并以小组为单位进行打分点评。

（6）每周进行轮替前，请"老班主任"将经验分享给"新班主任"。

【活动特色】

（1）或许有人会质疑：这种体验"真实"吗？学生能够体验到真正的"班主任"一日常规吗？需要说明的是，这里的"班主任一日常规"主要指班集体的管理，即过往的"管理真空期"。目的是让学生能够在"职业体验"中，在一定程度上感受到班主任无微不至的关爱。

（2）这是一种换位思考，可以帮助真正的班主任了解学生的需要，更有利于后续德育建设和感恩教育。

品质传送带

——感恩老师社会实践活动方案

上海大学市北附属中学　金　晨

上海市彭浦初级中学　陈　敏

【活动背景】

在七、八年级相继开展感恩老师的实践活动基础上，学生已经对自我管理及班集体管理有了进一步的认识。为了让学生习得教师身上的更多品质，特开展"未来传送带"活动，旨在用从老师身上学到的品质服务他人，发光发热。

【活动形式】

志愿服务。

【活动周期】

一个月。

【活动目的】

（1）意识到自己身边值得感恩的老师有很多。

（2）充分发挥内地西藏班孩子的积极性为他人服务。

【活动准备】

（1）讨论除了任课老师之外，还有哪些老师经常为我们提供帮助。

（2）讨论用从老师身上习得的品质，能为这些老师做些什么。

【活动过程】

（1）通过班会、校内探访等方式，确定服务的对象和地点。

（2）通过民主投票的方式确定学生们服务的时间。

（3）讨论并征求老师的意见，以周为单位，遴选出服务内容。

（4）完成志愿服务后，向大家介绍经验或反思。

【活动特色】

（1）或许现如今，我们还不能通过除了学生之外的身份，以更强有力的方式来报答对老师的爱。但是，我们已经学习到老师所具备的各种特质。

（2）以这样的品质传递，服务于他人，相信这就是对老师最大的感恩！

社会实践 践行感恩

我们是内务小能手

——感恩学校社会实践活动方案

上海市第二初级中学 周鸿艳

【活动目标】

（1）通过对宿舍卫生保洁及个人、集体物品的整理、放置，锻炼初一学生动手能力，提高劳动技能。

（2）通过比赛整理内务、评比宿舍环境布置培养初一学生自理能力，对自己负责，感恩学校。

【活动内容】

1. 自己的事情自己做

各宿舍成员商议宿舍内个人物品、集体物品如何放置。

2. 比比谁最棒

选派代表参加"整理内务大比拼"。

3. 温馨宿舍齐创建

每个宿舍全体学生分工共建温馨宿舍。

【指导过程】

1. 指导学生确定主题与对象

社会实践活动面向全体内地少数民族住宿生，他们离开温暖的家，远到上海求学，在一个新的环境和群体中生活，更要学会自立。通过个人内务整理、宿舍内务整理以及以个人为单位的内务比赛等环节，提高学生的动手能力和自我管理能力，加强宿舍文明建设，促进住宿生养成良好的生活习惯，进一步提高学生的整体素养与综合能力。

2. 指导学生设计具体任务

在实践活动的第二阶段——"比比谁最棒"中，将评比的标准与比赛形式的选择放在学生手中，学生自主设计比赛环节、优胜标准等等，增强学生的集体参与感，让学生在游戏与活动中成长。

3. 自评与互评

社会实践活动的三阶段均采用自我评价与同伴评价相结合的方式，通过自我比对同学们制定的评分标准进行自查，可以明白自己哪里做得好，哪里做得不好，可以更加有方向地改正自身缺点，发扬自身优点。同伴互评在观察别人的做法与成果时，也发现了自身的不足，拓展了自己对于标准的理解，也丰富了学生看待事情的角度。

卫生自我评价表

卫生自我评价表	1. 保持自己的桌子、椅子干净整洁；	□□□□□
	2. 见到地上有垃圾能够及时清理；	□□□□□
	3. 不乱扔垃圾；	□□□□□
	4. 床铺整洁，清洁无杂物；	□□□□□
	5. 洗漱用品摆放整齐；	□□□□□
	6. 墙面无乱张贴、蜘蛛网等	□□□□□

卫生同伴评价表

卫生同伴评价表	1. 保持桌子、椅子干净整洁；	□□□□□
	2. 见到地上有垃圾能够及时清理；	□□□□□
	3. 不乱扔垃圾；	□□□□□
	4. 床铺整洁，清洁无杂物；	□□□□□
	5. 洗漱用品摆放整齐；	□□□□□
	6. 墙面无乱张贴、蜘蛛网等	□□□□□

【活动感悟】

在活动中使学生明白在一个温馨、舒适、整洁的寝室环境下生活的重要性，同时在活动中更增进了同学之间的友情，有利于营造和谐的班集体，更为重要的是锻炼了学生的自理自立能力，也让他们在劳动中收获了快乐。

我们是校园小先锋

——感恩学校社会实践活动方案

上海市第二初级中学　周鸿艳

【活动目标】

（1）强化学生思想教育，在校园实践活动中促进学生养成良好的习惯。

（2）通过本次实践活动，让学生们心存感恩，从劳动中感恩学校。

【活动内容】

（1）以年级为单位分班分组进行校园环境的布置与保洁工作。

（2）以年级为单位分班分组在食堂和图书馆进行校园小志愿者服务。

【指导过程】

1. 指导学生确定主题与对象

为建设一个更加干净整洁、美丽舒适的学习环境，在班级、年级及全校范围内开展卫生环境与志愿活动，以尽自己所能，做班级、年级、校园管理的小先锋为活动主题，在活动中培养八年级学生的责任意识与担当，进而以实际行动感恩学校。

2. 指导学生设计具体任务

卫生管理方面：实行卫生分担区责任制度。根据不同年级学生的特点，在校园内进行班级分担区的划分；各班级设立红领巾卫生监督岗，在早晨、课间、放学等几个不同的时间段加强卫生巡视。

食堂与图书馆志愿者方面：安排食堂志愿者维护食堂就餐秩序，提醒同学们不要浪费粮食，规范就餐秩序，打造文明食堂；各班级分组组织同学整理自己班级的图书角，同时定期组织同学到学校图书馆整理摆放凌乱的书籍。

3. 自评与互评

活动采用自我评价与同伴评价相结合的方式。

卫生分担区评价表

卫生分担区评价表	此处可填写校园内的卫生打扫区域	☐☐☐☐☐

食堂志愿者评价表

食堂志愿者评价表	1. 帮助食堂阿姨打扫食堂卫生，整理餐具；	☐☐☐☐☐
	2. 协助食堂师傅管理午饭期间的食堂秩序；	☐☐☐☐☐
	3. 保持良好的用餐环境；	☐☐☐☐☐
	4. 监督同学们是否有浪费粮食的不良现象	☐☐☐☐☐

图书馆志愿者评价表

图书馆志愿者评价表	1. 帮助图书管理员整理书籍，将凌乱的书籍进行分类归纳；	☐☐☐☐☐
	2. 维持图书馆安静的秩序，对不守规矩的同学进行管理；	☐☐☐☐☐
	3. 协助图书管理员对图书进行修补保护等	☐☐☐☐☐

【活动感悟】

在活动中使学生明白在一个舒适、美丽的校园环境中学习的重要性，同时在活动中更增进了学生对校园的亲密感，营造和谐温馨的校园环境，让学生自己做校园的管理者，产生感恩学校的情感。

社会实践 践行感恩

校园小义工

——感恩学校社会实践活动方案

上海市时代中学　李欣航

【活动目标】

（1）培养学生奉献精神，增强学生的服务意识和劳动素质。

（2）在岗位服务中践行感恩。

【活动内容】

1."清新绿"——义工环保队

主要从事校园卫生保洁、环保宣传、废旧纸张回收等。

2."微笑蓝"——义工广播团队

为压力大的同学提供一些经验和陪伴，感恩电台播放感恩心语和故事。

【指导过程】

1. 指导学生确定主题与对象

引导教育学生从身边的小事做起、从校园中的事情做起，清除校园卫生死角。"微笑蓝"同学们安抚同学情绪，负责感恩电台（每两周播放一次，一次20分钟）。

2. 指导学生设计具体任务

利用世界环境日、世界地球日、世界水日等环保类节日，在全校师生中开展大型环保签名宣传活动；每周定时在全校各班回收废旧纸张；在校园中发起"使用环保袋"等倡议。

感恩电台搜集、制作校园内感恩小故事、原创小诗歌、原创微电影。

3. 自评与互评

"清新绿"评价表

"清新绿"自我评价表	1. 准时到岗；	☐☐☐☐☐
	2. 清洁干净；	☐☐☐☐☐
	3. 劳动效率；	☐☐☐☐☐
	4. 废旧纸张收集班级数；	☐☐☐☐☐
	5.环保宣传知晓率	☐☐☐☐☐
"清新绿"同伴评价表	1. 准时到岗；	☐☐☐☐☐
	2. 清洁干净；	☐☐☐☐☐
	3. 劳动效率；	☐☐☐☐☐
	4. 废旧纸张收集班级数；	☐☐☐☐☐
	5.环保宣传知晓率	☐☐☐☐☐

"微笑蓝"评价表

"微笑蓝"自我评价表	1. 我缓解了同伴的压力和紧张；	☐☐☐☐☐
	2. 感恩故事搜集面；	☐☐☐☐☐
	3. 电台播出效果	☐☐☐☐☐
"微笑蓝"同伴评价表	1. 我的压力和紧张得到了舒缓；	☐☐☐☐☐
	2. 感恩电台内容给我带来启发；	☐☐☐☐☐
	3. 我愿意下次继续收听感恩电台	☐☐☐☐☐

【活动感悟】

在义工活动中，学生们不仅为他人提供了帮助，自身也受益颇多。在活动中，学生们以小组为单位，设计活动方案，参与活动内容，在这期间，他们形成了良好的团队意识，培养了合作精神。没有了老师的管理，他们需要独自完成活动。碰到问题，同学们共同解决；遇到挫折，组员们互相鼓励着继续前进。校园义工活动不像校园中其他科技文艺活动，它不需要太多的智慧、太多的特长，但它却需要一片真心，需要一份坚持。它没有回报，不能获奖，这就更需要参与的同学们付出真诚来对待。学生挤出课余时间来做义工，没有任何报酬，没有一点功利，在活动期间同学们的意志品质也得到了很好的锻炼。

教育随笔

——

感恩有您

温和而坚定

——与学困生沟通的心态艺术

上海市共康中学　吴晓云

【师者心语】

做老师最骄傲的事就是培养出令自己崇拜的学生。一批批优秀的藏族孩子茁壮成长，让我无数次感受到做教师的幸福，激励着我不断完善自己，努力学做藏族孩子生命成长中的重要他人。

【教育之问】

学生是成长中的人，学生在试错中成长。当学生在成长中遇到困境，老师是要疾风骤雨般的训斥还是在平等、尊重的师生关系中沟通激励？ 温和而坚定体现了教师与学生沟通的心态艺术。

【事件描述】

从雪域高原到东海之滨，每年有200名左右的藏族孩子被选送到上海市共康中学学习。2000年至今，我带了9届西藏班，与300多名藏族孩子结下了亦师、亦友、亦父母的情缘。小A同学就是这其中的一个藏族女孩。

按照惯例，中途接班第一节课要进行一次摸底测验，了解一下学生原有的学业水平，以便制定教学计划。试卷刚发下去就有一个女孩子说："老师，我肚子痛！"看着她痛苦不堪的表情，我担心她是阑尾炎急性发作，便马上让两个同学陪她去医务室。下课后，我赶紧去医务室询问她的情况。原来，这是她惯用的偷懒把戏。

刚刚接班，就被学生"耍"了。我恼羞成怒，N种收拾她的大招从我脑海里冒出来。但是，教育不是惩戒，是唤醒！每个孩子都有丰富的心灵和巨大的潜能，教育只需要将其内在的良知良能唤醒。我用理智控制住了自己的情绪。

经过一周的观察和多方了解，我决定从责任感和学习力这两个方面实施"唤醒"计划。

我把她约到办公室，请她坐下来，谈话从一句不冷不热的问候开始："这几天，肚子还疼吗？要多注意休息，晚上早点睡。"

她的眼神有点局促，低着头不吭声。

"我查看了你上学期期末的英语成绩，63分。我感觉这不是你的真正实力。"

"老师，这是我的真实成绩，我没抄！"她有点激动。

"我是说，你本应更好！我要让你担任英语科代表。"

她满脸尴尬的表情："老师，我不行，我成绩那么差，怎么能当科代表呢。"

我反问道："谁说科代表一定要成绩好？我要选3名科代表，你是其中之一，专门负责收发英语作业本，这么简单的事儿，你都做不好吗？我相信你不会让我失望的。"

激将法奏效，连续几天，她尽职尽责。我适时表扬和肯定她工作认真、责任心强，一次次给她坚持的力量。在我的积极心理期待或者说是"道德绑架"下，她一直没有出现"职业倦怠"。

她沉睡的责任感就这样慢慢地被唤醒了。

过了一段时间，在她送作业本时，我给她增加了新的任务：针对我每天课堂上讲的重要知识点，出5道英语作业题。我给了她几本英语辅导材料，可以从中选题。她欣然接受了任务。

这是一个挑战！因为要完成这个任务，她首先必须上课认真听讲，还要归纳要点，然后从几本辅导材料中选题。这个过程虽然极具挑战，但是能够培养她的学习力。

此后，我发现她听课时非常专注，每天都按时完成命题工作，经我审核后，再把这5道题抄在黑板上。

初二的时光就这样过去了，她的学习成绩有了显著的提升，尤其是英语

教育随笔 感恩有您

成绩已经在班级名列前茅。我鼓励她将英语学习方法迁移到其他学科当中，她仿佛找到了学习的乐趣，每天晚上都熬夜学习。

功夫不负有心人。中考，她考入了上海市一所示范性高中。

【师者思语】

教育的目的不在于传授和灌输某种外在的、具体的知识与技能，而是要从心灵深处唤醒孩子沉睡的自我意识、生命意识，促使孩子价值观、生命感、创造力的觉醒，以实现自我生命意义的自觉建构。

让阳光照进"后排"倔强背后的脆弱

上海市延安实验初级中学　王　伟

【师者心语】

对后进生的培养不仅在鼓励和激励，更在"情"（即能够感同身受，与当事人——家长、学生、老师共情）和在"技"（即在课堂实践和学生课余生活中为后进生搭建可攀爬的脚手架）。

【教育之问】

问题君：无论怎样的班集体都不可避免会存在后进生或者相对不太融入集体的学生，如何利用好转化后进生的契机打造更有凝聚力的班集体？如何利用好班级日志发现班级中潜在的问题？如何利用好课堂激发后进生的信心？

【事件描述】

2019年9月，我接手了新一届预备（2）班。新生报到的第一天，他穿着一件宽大的红色T恤，一坐下就四处张望，开始念念有词，想找附近的同学大声闲聊。他叫小金，是个有点胖的高大又调皮的男生。开学后，小金在任何课堂上都会大声插嘴和课堂上无关的内容，下课了总喜欢从背后抱住同学，无论男生、女生，有时令很多同学很害怕甚至厌恶。小金喜欢打球，但他的"技术动作"总是很粗鲁，同学们都怕被他撞伤。因此，他在班级的人缘不太好，小金从一开始就有点被小小地"孤立"了。

一次期末复习课上，小金在我的英语课上一直把头埋在可打开的桌板里，怎么提醒都不在乎，听课时胡乱记下笔记，对于自己的成绩看似并不很在意。开学初的主题教育课上，学生们和我一起决定了一项活动，即"我与你的日记"，学生们都非常乐意将自己的"小秘密"在班级日志上以比较委婉的方式分享出来，小金也不例外。他写道："王老师，我不是不想学，是怕自己努力了还没有进步，同学们会觉得我笨，如果我表现得不努力，那学不好是应该的，同学们只会觉得我调皮。"读到这些，我理解了一个处于青春期的男孩子，他希望得到同学们的尊重和赞扬太正常不过了。考虑到小金是个顽皮倔强又不愿意袒露内心想法的孩子，我尝试通过自己的英语课和微型主题教育课来启发、开导他。之后的一周，我特意开设了一节英语课外阅读课，题为"What is progress？"。我有意将学生带到录播教室，好提高他们的注意力，还将小金的座位临时换到了第一排。课上，我用一个个渐进式的提问极大地引起了小金的回答欲望，我一次次肯定他的想法，让小金的脸上不断洋溢着笑容。在post-task环节，我再次提问小金："What is your progress？"而他的答案很简单："I can ansWer more questions。"我紧接着回应他："I believe you can！"课后，小金立即问我："老师，你确定我不笨，我能学好？""从每节课积极参与做起，这可能不会总收获掌声，但偶尔的失败是成功更大的保障。"他似乎明白了些什么。我趁热打铁跟小金签订"君子协定"，让他承诺不用低俗的语言和同学们相处并积极参与每节课。果不其然，在之后的期末英语考试中，他的成绩提升了一倍，到了70分，语文、数学也都及格了。得知考试成绩后那天的日志上，小金写道："老师，我有一个强健、巨大的外表，但其实我很脆弱，自尊心一戳就破，幸好有你！"我回复道："我希望阳光能照到（2）班的每个孩子，你们都是可爱又聪明的孩子。"

一周后的一个中午，小金在教室里哭。周围学生一拥而上，七嘴八舌道："王老师，小金先惹了亮亮，后来亮亮反抗了，就骂小金丑、小金傻。"我当着学生们的面安抚小金并对全班说："（2）班没有丑的，（2）班没有傻的！"随后，我带着小金到教室外。他告诉我："老师，我在班中到底算什么？虽然我成绩进步了，但只要我上课一插嘴，下课就有一群人来围攻我，我想和有些同学玩，他们就趁机侮辱我。"我语重心长地回答他："放心，老师会解答你的疑惑的，请记住，你一点也不丑、更不笨，再给大家一点时间更多地了解你。"那周五，我开设了一节题为"如何在学校中实现自我价值"的主题教育课。我给学生们看了几组图片并请学生们说说他们感受到了什么。图片分别是超能陆战队、忍者神龟和刘伟用脚趾弹钢琴。同学们脱口而出："团结就是力量！""身残志坚"等，我进一步提问小金，他却欲言又止。我又问："图中每个人的作用一样吗？""缺了他们任何一个角色可以吗？""他们是有分工的！"小金抢答道。"对了，我们的价值都是在团体中体现的，因此，在日常与同学们的相处中学会换位思考，尊重他人，以礼待人，你也会得到同等的礼貌。""而刘伟的身残志坚又告诉我们，人无论外貌，无论身体，都可以有所成就。更何况（2）班的同学们都是可爱聪明的。"小金低头冥想似乎又明白了些什么。第二天早自修，我让学生们谈谈前一天主题班会课的感想，小金第一个举手，大声回答道："老师，我认为自己平时惹了太多同学们，没有在乎他们的感受，我自己的言行很丑。"薇薇说："老师，我不该以貌取人，人格上侮辱同学。"随后和小金发生矛盾的亮亮立即起身接答。教室中自动响起了掌声，一次来自（2）班每个学生内心深处的肯定。

（2）班是个存在较多"个性"学生的集体，而正因为他们一个个逐渐健康地成长，我才感受到作为人民教师的欣慰和职业自豪感，教书育人并非一朝一夕，并非纸上谈兵，小金是我育人之路上众多教学案例的一个缩影，他代表每一个调皮的学生倔强背后的脆弱。尊重他们、理解他们是一个教师的天职，倔强需要用心融化，脆弱要用手帮助他们坚强，这就是（2）班给予我这个年轻教师最大的感悟，希望学生们知道我给予后排的阳光从不会缺失。

【师者思语】

这件事后，我分析了背后的原因，亮亮和小金在小学时就有一定的矛盾，并且小金在小学时和班主任发生过几次争执，让他对学校教育不信任甚至排斥。因此，我考虑通过以下方案来解决类似问题：

第一，是否可以在新集体组建初期就对学生的性格特点、人际关系等进行全面排查，把小学同学的相处情况或者学生在小学阶段的师生相处模式备案。

于是，我在期中考试之后再次进行了全员家访。以SWOT分析的形式让学生们了解"自我优劣势""我的人际交往模式""参与班级事务""我的生

教育随笔 感恩有您

涯发展"。

第二，在起始年级是否可以设置一些固定的主题教育课帮助学生们建班立制？如"三招学沟通""如何在学校中实现自我价值？""把劳动当作一种实力来培养自己"等。

以上两种方式，一种是形成民主的议事氛围，打造良好的生生沟通、师生沟通、家校沟通环境，一种是利用主题教育让学生们养成良好的沟通、交际意识，防患于未然。我们在实际班主任工作中都可以进行尝试，甚至可以兼用，以期达到互补的效果。

第三，是否应该与任课老师、年级组长协同育人，开展以"班主任为首席的集体导师制"？

"班主任为首席的集体导师制"是以班主任为主要负责人，在任课老师、年级组长的协同下，将班级学生分为若干个小队，以建立小队文化促进中队文化的孕育的育人模式。这有利于将班级的主要矛盾分散开来，有利于帮助班主任尽早发现问题，防患于未然。

做有现代气质的班主任，其实就来源于用当代学生可以接受并能激发他们健康成长的模式。尊重、理解每位学生是班主任的天职，面对倔强的学生要用内心去融化，面对脆弱的学生需要用新时代班主任"技术"帮助他们重新树立信心，更可尝试协同育人模式，借助各种资源，让阳光照进每个学生内心深处。

教育就是培养习惯

上海市杨浦区回民小学　金丽雯

【师者心语】

小学是良好习惯养成的关键期，是人成长的起步阶段，也是人的基础素质形成的开始阶段，遵循学生的身心发展规律，从小行为入手，养成良好学习习惯。

【教育之问】

问题君：什么是教育？如何让学生从小规则入脑，培养学生的规则意识，养成良好的习惯呢？

【事件描述】

小然是我们班一个活泼可爱的小女孩，我还清楚地记得她刚刚转学过来的时候，她用那甜美的声音向我问好。她的身姿非常挺，所以一开始的时候我让她做领队，可是开学几个星期下来，我发现她上课不够专心，学习习惯非常差，动作也很慢，整天把自己搞得脏兮兮的。对她进行批评也没什么大的作用，她依然如此，所以我让一个各方面表现都比较好的学生去做领队。虽然我把小然给换了下来，但我觉得这个小姑娘是很有灵气的，我要帮助她。

有一次，我发现她喜欢在桌子上乱涂乱画，我就很严厉地批评了她，可是过几天又发现她这样做了。我想我前几天刚刚批评了她，怎么又这样了？我找来了她的家长，她的家长反映，在家里她也是这样的，写字桌上第一天刚擦干净，第二天又被她画好了，家长一直提醒她，可她还是改不了。我想，这是她长期以来养成的不好习惯，要慢慢地帮她改掉。不要小看这只是行为习惯不好，这很大程度上会影响学习习惯。因为我发现过几次，上课的时候她有时候也会不知不觉地低下头在桌上画画。

【师者思语】

为此，我动了一番脑筋，想了一些教育策略，大致教育过程如下：

（1）我找一些习惯比较好的学生和她做同桌，以此来潜移默化地影响她，我想通过学生的影响和我的帮助，一定能把她的习惯培养好。

（2）在给她换同桌的时候，我找她好好地谈了一次。告诉她，别的女孩子是多么的爱干净，学习成绩也是多么的优秀，要她向别人学习。

（3）她是一个很聪明的女孩子，我和她谈心之后，她就把别人作为自己的榜样，尽量让自己和别人做得一样好。一段时间之后，她有了很大的进步，因此我鼓励她，让她做了小队长，她也非常开心。可是，要改掉一个不好的习惯毕竟是很难的，所以有好几次我都"威胁"她，如果再不好的话，就把小队长标志收回来。这样的"威胁"对她很有用，她为了"保住"她的"官衔"，在一点点地进步。

小然的事例，让我再一次觉得小学生习惯的培养是非常重要的。著名教育家叶圣陶先生说："什么是教育？简单一句话，就是要培养良好的习惯。"因此，在我们的教育中，尤其是小学初始阶段，对于小学生习惯的培养不可忽视。良好习惯的养成是大量良好行为不断积淀的过程，习惯形成的前提是某些具体行为的练习和熟练。良好习惯是大量良好行为积淀的结果，习惯培养是养成教育的主要内容。没有大量规范化日常行为的要求和训练，习惯的形成是困难的。良好习惯的培养需要严格要求。大多数习惯是行为达到自动化后才出现的。在行为向自动化发展和转变的过程中，严格的行为要求和按要求行为是必要的。良好习惯的培养要从细节着手。习惯培养中严格的行为要求必然也要求对细节的重视。习惯培养必须融入学生日常的生活和学习中，注重生活中的细枝末节，尤其是那些容易出现行为问题的方面。

我觉得我在培养学生习惯的时候遵循了三点原则，以下就是我的简单阐述。

1. 以人为本，倾注师爱

尊重每一位学生，"以人为本"，是对每一位教师的基本要求。教育是心灵的艺术。如果我们承认教育的对象是活生生的人，那么教育的过程便不仅仅是一种技巧的施展，而是充满了人情味的心灵交融。这样老师才会产生热爱之情。心理学家认为爱是教育好学生的前提。对于小然这样聪明伶俐，但是习惯比较差的学生，我发觉对她进行全班批评好像没什么大的作用，相反，和她敞开心扉，以关爱之心来触动她的心弦，倒是非常有用的。"动之以情，晓之以理"：用师爱去温暖她，用情去感化她，用理去说服她，从而促使她主动养成良好的习惯。

2. 良师益友，宽容以待

班主任应是学生的良师益友，应宽容待之。现在的小学生，别看他们年龄小，可是他们都非常要面子，你要是太严厉地批评他，效果反而不大。因此，我觉得，作为一名班主任，我要做他们的"知心姐姐"。就如我对待小然那样，当她做错事时，很真诚地和她谈心，让她感受到老师对她的信任，感受到老师是自己的良师益友。让她感受到老师给自己带来的快乐，让她在快乐中学习、生活，在学习、生活中感受到无穷的快乐！古人云：人非圣贤，孰能无过？故应"宽以待人，容人之错"。在通情达理中暂时性地容忍宽恕学生的错误，采用灵活委婉的方法去教育他，鼓励他。既保护了学生的自尊心，又促进了师生的情感交流，在转化后进生工作中就能达到事半功倍的效果。

3. 因材施教，循循善诱

"一把钥匙开一把锁"。每个学生的情况都是不一样的，因此班主任必须弄清楚学生的具体情况，从而确定行之有效的对策，因材施教，正确引导。像对待小然这样比较有灵性的学生，教师就要采取潜移默化式的方法，要让她懂得我这么做的道理，从心理上加以认同，只有明白了道理，才能使学生自觉地按照老师提出的要求去做，变"要我做"为"我要做"。当然，在小学阶段，老师的督促也是非常重要的。良好习惯的养成不是一朝一夕的，在养成良好习惯的过程中，往往会出现反复，这样，教师平时的督促就显得尤为重要，要通过经常性的督促检查，使学生在不断的实践中养成自觉的习惯。小然从一个习惯比较差的学生转化为一个习惯比较好的学生，其中

教育随笔 感恩有您

我的督促是起了很大作用的。

德育专家关鸿羽说："教育就是培养习惯。"小学是良好习惯的关键养成期，是人成长的起步阶段，也是人的基础素质形成的开始阶段。我相信，只要我们教师遵循学生的身心发展规律，高度重视，从小行为入手，良好的学习习惯一定能养成。

班委的隐忍之术

上海市民办新北郊初级中学　丁毅颖

【师者心语】

班委是一个班级的主心骨，每位班主任都离不开班委的协助，所以如何引领班委尤为重要。

【教育之问】

问题君：当班委被一名日常调皮王指责出行为规范上的错误行为，作为班主任该如何巧妙地既不伤害班委的自尊，又让全班同学看到班主任不包庇小干部，平等对待每位同学，也能让调皮王以后不再调皮？

【事件描述】

班里有个非常调皮的孩子叫小康，平时下课总是能在走廊或者教室里看到他飞奔的身影，班委们特别头疼，他总是不听劝说，并且经常和班委产生冲突，所以很多班委心有余而力不足。

为此，我找了几个班委专门开了一个会议，先对班级近况做一个简述，发现最近班级里玩粉笔的同学特别多，其中小康同学也是玩粉笔的"专业户"之一。班委们纷纷提议大家一起监督，谁继续玩粉笔就需要接受举报同学提出的一个惩罚措施，并且惩罚措施要合情合理，不能提出一些过分要求。

这个措施刚执行的第一个礼拜，情况确实好转了不少，我也特地安排了班委暗中监督小康同学及一些喜欢玩粉笔的"专业户"。班委向我反映小康同学现在不忙着玩粉笔了，开始忙着监督别人，好实现自己惩罚他人的权力。

起初，我还得意于这个措施带来的成效，但随着时间的推移，问题就出现了。

有一次，宣传委员小孙和几个同学一起出黑板报，然后其中一个同学就让小孙递一根红色粉笔给她，小孙顺手就把一根粉笔从空中抛给了那位同学，而这一幕恰巧被小康同学看到，小康就来我这里告状并且说要惩罚小孙班级值日一周。

随后小孙来找我，诉说了自己的无奈，她说本意并不是玩粉笔，只是因为大家都站在凳子上出黑板报，所以再下去递粉笔再爬上去比较麻烦，所以就顺手从空中抛了。

这件事全班同学都在看着老师如何处理，究竟是会偏袒班委还是会秉公执法，毕竟这件事也有争议，不同的同学会有不同的理解。

【师者思语】

这次这个监督政策主要是为了防止同学们玩粉笔，但是有些同学就变成了苛刻的监督或者会存在对同学的报复心态，所以面对这次班委小孙和小康同学的事情，班主任处理得好就能获得很大收益，处理不好就会造成班级同学不团结，不把班级规定放在首位，甚至不听班委管束或者怀疑班主任处理同学间问题的能力。

所以，我先找小孙，和她单独聊聊，了解一下事情经过。小孙之前就因为管教小康而和小康产生过一些冲突，所以她内心就觉得小康是在针对她。

首先我和她分析问题："这次事件本来是一件很小的事，但你的职务和老师先前定下的规则都促使了这次事件不平凡。老师心里其实也觉得你有点委屈，但你作为班级的管理者，很多要求都要更严格，你的一举一动都是其他同学的榜样，大家会模仿甚至跟风，甚至会用自己的思维去解读丢粉笔给他人是被允许的。老师给你的建议是接受小康同学的惩罚，这个惩罚其实是告诉所有同学：1. 老师没有偏袒任何同学，天子犯法与庶民同罪；2. 这件事情也会让同学们知道就算是合理的理由也不能凌驾于班级规定之上；3. 对小康同学也是一种警惕，让他知道老师和班委一样会那么严格地处理同等事情，他以后也不能用任何理由来回避规定逃脱惩罚。也许在这个过程中你会觉得心里有点难过，但是如果能够通过这次事件改变班级状态，让大家都能够在一个自律的环境下生活和学习对每个同学来说都是好事。经历过这件事老师觉得你一定会有所成长，以后你进入其他集体或者社会都会遇到更多棘手的问题，学会忍耐，把利益最大化，改变不好的环境才是最重要的。"

听我说完，小孙同学哭了，我知道她的眼泪里有委屈，有领悟，她需要时间去消化，她毕竟是一个孩子，没法用绝对理性去看待问题，但我相信，随着时间的推移，她一定会明白。她擦干眼泪，对我说："丁老师，您能否班会课借我10分钟，我想在班级同学面前承认自己的错误，我希望能通过这件事时刻告诉自己做任何事都要考虑后果，不能想当然。"

当时听她说完，我就觉得这个孩子以后肯定会有一番大作为。

作为老师，有时候面对这些孩子也会有点惭愧，总觉得这些孩子有时比我们大人内心更强大，更有勇气去面对各种各样的挫折。

在班会课那天，小孙准备了两大张手写稿，在全班同学面前声泪俱下地阐述了自己想要说的话，但是没有一句话是怨恨小康同学的，也没有任何委屈之词，有的只是希望能与全班同学并肩作战，为班级服务，为班级做榜样，为自己的冒失感到失望。

在我的职业生涯中，我一直秉持着吃亏是福的想法，很多事情不争不抢，不代表我不想要，我希望能通过大家都认可的方式得到自己想要的东西，否则一切都失去了意义。

教育随笔 感恩有您

积分行动：班级自主管理的好兵器

上海市大同初级中学　汪　妍

【师者心语】

班主任对于学生，比起"抓"，更在于"引"。如何利用一些微技巧，在日常班级管理中，激发学生的内在驱动力，使学生自己形成一种自我管理的意识、养成自我管理的习惯。

【教育之问】

问题君：如何利用建立完善的积分制度，让每个学生都有清晰的规则意识，让学生能形成自我管理的能力？如何让积分制度，形成体系化，能让班干部对班级进行自我管理？积分背后是否有相应的评价体系，作为支撑，让学生体会到自己的进步？

【事件描述】

新接了预备年级的班级，在暑假家访了一圈后，总体感觉，班级25名同学，有不少同学在作业上不够自觉，容易拖沓。在开学两周的观察下，我发现班级同学在生活学习习惯上问题比较多。比如，部分同学来校总会晚到2—3分钟，2分钟预备铃准备不及时、作业漏交、上课随意插话等现象，甚至连中午吃饭带餐具、餐垫等，也需要老师管理。如果每件事都需要我亲力亲为地进行管理，那会耗掉我大量的时间，班级管理也缺乏了章法。

正当我一筹莫展之时，我无意间看到了我们班语文老师的免默券。细问下，原来是班级同学默写全对就可以加分，然后积累到一定的分数便可以兑换免默券，因此我们班同学在默写上十分积极。这也让我想到，之前看一本育儿书，也提到，在孩子的教育上，如果我们希望他成为什么样的人，我们就应该正向强化。

开学以来我们班开展的是特别作业制度，就是违反班规，就会有一些特别"新奇"的小作业让他完成。可久而久之，班级就会出现一些"老油条"，也让我头疼不已。

因此在这一灵感触动下，"积分"行动应运而生。从以往的做不到就罚，到现在的做到就奖——加分，学生的热情高涨起来。每天都会计算自己的积分。一开始，我们只是根据班规，每条加1分的原则，在实践中，慢慢发现这样几个问题：

（1）由于加分项目比较琐碎，一个同学负责所有加分项目的统计，工作量太大。

（2）加分情况并未透明化，学生不知道自己有多少加分。

（3）部分同学在累积到一定分数后，会产生"加了那么多分有什么用"的疑惑。

针对上述这三个问题，我们班又对加分制度进行了一次升级，即产生了"积分运动"2.0版。

首先，我们实行加分分项负责制，即由5位同学从仪容仪表、坐姿、上课情况、作业等方面进行加分统计，最后交由组织委员汇总，这样做除了分散负担外，也使班级产生了更多的工作职务，使更多的同学能参与到班级管理中来。

其次，在宣传委员牵头下，我们张贴了积分龙虎榜，每日更新，同学们可以清晰地明确自己的加分情况。再者，由班级同学群策群议，制定了积分兑换细则，既有兑换圆珠笔的实物兑换，又有"和同学换座位"的趣味兑换，这都让学生的参与积极性更加踊跃。

在期末，我们又推出了积分龙虎榜的颁奖仪式，结合年级组评选德育之星、学习之星活动，为班级积分前三名授予荣誉，使积分与评价挂钩。

尽管积分活动还在不断修正中，但我们班的同学们都已初尝"积分行动"的乐趣，并且会不断完善制度，规范体系。

【师者思语】

推动积分行动开展的背后原因，我思考下来，主要有以下几个方面：

（1）积分行动激发了学生的内在驱动力。

（2）形式的新颖性，对于00后学生有一定的吸引力。

（3）积分行动，将班级的一条条日常行规可视化，使学生的行为更有依据和准则。

在本案例后，我也在思考如何让积分行动更加完善，在进一步实施积分行动时，我会做如下调整：

（1）积分体系年段化。每个年级的日常行为规范问题，都会带有一定的年龄特征。在开展积分行动时，随着学生年龄的增长，我会努力定期调换项目，保持积分针对性。

（2）建立学生档案。对于学生而言，如果能将每一阶段的积分进行归档，就可以形成学生成长的过程性档案，也更有助于老师观察学生，形成过程性评价。学生档案作为积分行动的衍生物可以进一步促进积分档案的实施。

（3）评价体系更为多元。基于积分行动的评价体系，不应只满足于表彰前几名同学，可以有排名奖、单项奖、进步奖，甚至是最佳积分记录的工作人员奖。多元的奖励，更能激发同学们的积极性，根据自己的进步发展区，进一步提高。

"成"与"败"只有一次机会，请抓住唯一的机会

——体育节活动有感

上海大学市北附属中学　金　晨

【师者心语】

坚持从活动中挖掘德育契机，以契机促班级发展和转型。

【教育之问】

问题君：丰富的校园文化生活是满足学生多元化、个性化发展的基石。然而丰富多样的活动背后，往往会听到科任老师的抱怨："看那个（1）班的××，只知道打比赛，书都不要读了……""……（3）班上课今天昏死过去一片，看他们唱歌倒唱得蛮起劲的嘛……"班主任既要动员、组织学生参与活动，还要安抚科任老师的情绪。这可如何是好？

【事件描述】

一年一度的体育节如火如荼地展开，我班又是校篮球队主力选手居多的班级。因此，孩子们对于体育节的项目充满期待。这不，篮球队长王同学代表班级抽了上上签，他兴奋地对我说："金老师，你知道不，我们篮球赛第一轮对阵（3）班，这个班级弱爆了，我们稳赢。""好呀，祝你们赢下（3）班。"由于当天要外出培训，我简单地和体育委员交代了两句后就离开了。

第二天的早自修，当我回到学校后看到学生都不敢看我，就知道昨日

的比赛没有获得预想的成绩。与他们的期待形成鲜明反差的是集体项目的落败。像篮球赛、足球赛班级均在第一轮惨遭淘汰，要知道在开赛前他们曾信誓旦旦地向我承诺："老师，我们一定能赢！"下午第一节课是我的化学课，原本想在上课时稍微安慰他们两句。当我在课上玩笑般地说起此事时，学生似乎早已从比赛的阴影中走出。王同学率先接话，他笑嘻嘻地说："老师，这次我们运气不好，没来得及拿出实力。"紧接着，此起彼伏的讨论开始了："老师，篮球赛是我们的强项，裁判明显有偏袒，几次犯规都没吹，肯定是他们针对我们。""老师，输了没关系，还有第二轮呢，我们稳赢。""输了就输了呗，这样我们好安心上文化课了，免得××老师总说我们太忙没时间……"

学生们你一言我一语地说得正酣。其实，今早在进教室之前，我已经咨询了体育老师。只顾自己投篮，完全没有团队意识是体育老师对这群孩子的评价。开赛前，即使有那么多体育特长生所在的班级，我也丝毫不认为他们能百分百取胜。理由很简单，首先，孩子们傲气太盛，每个人都认为是队内的MVP，队友们必须传球给自己才行。其次，班上一些孩子根本不喜欢体育运动，班集体活动似乎也和这群孩子无关。

我一言不发地看着这个场景，脑海中脑补着各种画面……"当场上挥汗如雨的时候，一些孩子还在班级、办公室里做着作业，聊着天。不少人都是需要'请下去'观摩比赛的。还有一些孩子即使到了场上观摩，也只是两手一插无所事事。"越想越生气，越想越着急。作为班主任的我该如何是好……

【师者思语】

对于这个案例，我的看法是："切莫着急，德育活动无论成绩好坏，都应视为教育契机。"上述案例的契机在于，可以利用"明明能赢，为何最终错失良机"为契机，来一番"小题大做"。这不，趁着余温还未散去，利用一次班会课我对学生进行了一番说教。

我说道："你们不是赛前打包票一定能赢的吗？有没有想过为什么会输呢？你们觉得没有拿出实力，但是你们是否知道这次比赛是你们唯一的一次机会，因为这是单循环赛。""不可能，老师，以往几次体育节都有第二轮的，我们问过的。"一位同学插话道。"今年学期短，活动多，我得到的消息是篮球赛只有单循环。"当我把这件事告诉学生之后，学生顿时蒙了。因为他们根本没想过这是唯一的一次机会，更没想到他们已经失去了这次机会。

又过了一段时间，等足球项目也结束后，我们班成了年级倒数第一，学生的情绪异常低落，我想我的机会又来了。在一次班会课上，我说："如果你们认为体育节就此结束，你们就错了。体育节的目的一方面是竞技赛，另一方面更是对一个班级团队协作能力的检验。我以前也带过一个班，也是足球、篮球不好，但是他们集体意识很强，他们会付出比常人更多的时间练习集体项目，如长绳、接力跑等项目，虽然他们技不如人，但是那群孩子虽败犹荣，他们坚持拼搏、团结协作直至比赛结束。你们知道自己接下来该做什么吗？""要有团队意识……""要积极训练……"学生们回答道。"除此之外，我认为更重要的是做好自己分内的事。何为分内事，即人人都是班上的一员，人人都应发挥个人所长为班级服务。没有体育特长的男生可以做送水搬运工、女生可以做啦啦队员，等等，每个人一定能找到参与活动的点。老师并不一味地要求你们获得好名次，我想看到的是一个全员参与的集体，班级是各位的归宿，同伴是你曾存在的最好证明，难道不是吗？"

或许是被我一语惊醒，后面几日，在体育委员等班委的组织下，他们利用午间进行长绳训练，负责联络的学生还代表班级主动邀请体育老师传授接力赛的技巧和要点。

最终，在所有场次的统计中我班获得了团体总分第二的成绩。在我看来成绩背后的故事比成绩本身来得更有意义。通过这则案例，也不断启示和鞭策着我的班主任工作。

第一，德育活动特别是校园文化类活动，作为班主任一定要有预案。所谓预案即班主任要明晰德育活动反补班级管理的方案。例如，上述案例中，作为班主任的我发现了班级建设中缺乏凝聚力、缺乏团队意识的问题。因此，在体育节来临之际"借东风"之力，将问题暴露给学生，并从中找寻教育的契机，这就是我的德育方案即活动预案。

第二，班主任要学着等待德育教育契机的出现。从案例中可以看到，班主任的教育绝非一朝一夕能够达到效果的。而是在不断观察、思考、行动、

教育随笔 感恩有您

反思、观察等周而复始的具体环节中完成的。在德育目标指引下，班主任有的放矢地运用德育智慧和手段，一步步接近德育目标，一次次引领班集体建设朝着既定目标迈进。

孩子写作业拖拉怎么办

上海市第二初级中学　周鸿艳

【师者心语】

家长和学生要共同营造良好的家庭学习环境并以此作为支持学习的重要内容。

【教育之问】

问题君：是什么样的原因使孩子作业拖拉，学习积极性不高，家长又应该如何帮助孩子改变做作业拖拉的习惯呢？

【事件描述】

案例呈现：

孩子放学回到家，妈妈："饭菜还没好，你先去写作业吧。"孩子："休息一会儿就写。"妈妈一边烧饭一边催，饭前未写作业。妈妈："吃饭了，抓紧！吃好写作业！"饭吃好。孩子："休息10分钟就写。"妈妈想：孩子上一天课也很累了，就休息一会儿吧。10分钟后，"5分钟后就写。"就这样，5分钟，4分钟……妈妈："8点多了，再不写作业半夜12点也完不成了，睡得晚明早又起不来了！"在妈妈的催促声中，孩子终于极不情愿地去写作业了……40分钟后，孩子："写完默写了，让我休息10分钟吧。"于是，再休息5分钟，再休息4分钟……20多分钟后，孩子极不情愿地做下一项作业，初二4门功课的作业，做到半夜12：30甚至1点后终于做完。如此情形

教育随笔　感恩有您

每天往复循环，妈妈筋疲力尽，孩子疲惫不堪。

原因分析：

在分别与孩子和家长的交流过程中，我了解到以下情况：

懒惰在作祟。

孩子上了一天的课感觉很累，回到家后想放松，初始给自己定了10分钟的休息时间，但10分钟后，人的松懈劲、惰性上来了，看到妈妈正在烧饭，潜意识给自己定了一个吃完饭后再做作业的时间点，饭后想到作业太多，提不起兴趣做。又想到今天一定要写完的，晚点写也来得及。

家庭缺乏应有的监督。

刚读小学时，因为妈妈下班比孩子放学晚，下班回到家急着做饭，没顾上督促孩子做作业，而且小学生作业少，所用时间短，孩子和妈妈都有不着急的想法，没有养成放学回家立刻做作业的好习惯。

升入中学，学习量加大，妈妈心疼孩子，想着上了一天课，孩子想休息就休息一会儿吧，给了孩子暗示，拖拖没关系的。有了第一次的试探成功，就有第二次的继续拖拉……

案例中的孩子做作业拖拉属于自主决定型拖拉。心理学家认为：这类拖拉是主观上造成的对作业任务不必要的延迟，其发生的原因可分内外两方面。外因主要是专断或放纵的教养方式、厌恶的任务、来自外界的诱惑等。内因大体分为三种。第一，对作业不感兴趣，把心思放在其他方面，特别是想到要做的事情会使自己产生不愉快的体验时更是一拖再拖；第二，对自己完成某科作业的信心不足，有畏难情绪，害怕做不出而回避；第三，时间观念不强，做事缓慢，不求速度，久而久之形成习惯，导致拖拉。

策略指导：

1. 家庭对孩子完成作业的时间限度要明确

针对习惯导致做作业缓慢拖拉的孩子，应从习惯矫正着手，可规定完成某项作业的具体时间并给予监督，还可设闹钟计时、定日程表提醒。家长内部要达成一致，在对孩子的要求上要明确坚持原则，坚守自己的底线，严有方，爱有度，不能因为自己的心软而让孩子认为规定的作业完成时间弹性空间较大的错误认识。

2. 培养孩子的规则意识，提升孩子的自我时间管理能力

家长与孩子经过民主协商，建立民主小契约，配上各种适度奖励，让孩子的拖拉行为受到约束。可制定相应的奖惩制度表，在规定时间内完成作业速度快慢对应孩子感兴趣或者厌恶的奖惩手段。例如，工作日每次完成作业时间少半个小时，则给出双休日多休息一小时的奖励，反之则减少休息时间，用现实可见的奖励驱动孩子快速完成作业的愿望，让孩子体会到合理安排写作业时间的好处，从而帮助孩子逐渐克服拖拉的习惯。

3. 家长要给孩子做榜样

家长应事事处处为孩子树立榜样，当好孩子的第一任教师。在家庭中建立民主平等新型的亲子关系，父母要真诚地与孩子平等交流，实行双向互动。了解孩子，走进孩子的精神世界，成为孩子的朋友，从而引导孩子，教育孩子。

【 师者思语 】

家长通过自身的追求上进和不断学习为孩子做出好的榜样，如孩子写作业期间家长不看手机、电视，而是学习充电、阅读等，这必然对孩子起到积极的影响。

家长"抓"，孩子"反"，有效解决
亲子暑假作业冲突

上海市时代中学　李欣航

【教育之问】

问题君：暑假了，家长想"抓"孩子，可是孩子不领情，还因此爆发了激烈的亲子冲突，作为班主任该如何协调呢？

【事件描述】

暑假刚刚开始，一大早我就收到了小俞妈妈的微信语音，里面还有儿子和她争吵的声音。原来英语作业有一项是背诵考纲单词，考纲单词有近2/3是学过的单词，小俞用了近4个小时背了A字母的53个单词，妈妈检查时有12个是错的。小俞妈妈要求他继续背诵A字母，小俞则执意继续往下背诵，等26个字母全背诵完了再背诵没有过关的，小俞还强调因为背诵英语单词占用了他大量的时间，他没有时间完成其他学科的作业。小俞妈妈强调，以往的寒暑假，小俞都没有背单词，他学校暑假作业也都没有完成。如果按小俞的做法，估计暑假结束了，他也还是不能完成背诵单词的作业。母子二人因此发生了激烈的争吵。

了解了母子冲突的焦点后，我拨打了小俞妈妈的微信通话请小俞听语音电话，感受得到小俞气哄哄的。我对小俞说："你妈妈刚刚手术出院，她愿意督促你背单词，是因为你的期末英语成绩实在太不理想了，妈妈希望你好好利用这个暑假缩小与同学间的差距。"小俞"嗯"了一声后，情绪激动地马上强调他多么辛苦地背诵53个单词，结果被妈妈说根本就没有好好背。还说自己根本没有时间完成其他学科作业，并且说："老师，如果我可以不完成其他学科作业，我就按妈妈的要求背单词。"我迅速理了理思路，做了如下反馈：

（1）背诵英语单词是暑假作业的一部分，所以不存在背诵单词就可以不完成其他学科暑假作业的逻辑；

（2）你用了近4个小时背诵53个单词，而且大部分是学过的单词，这其实是你要提高背诵效率的问题，而并不是你耗了4个小时，你就最辛苦，你的单词就过关了；

（3）背诵单词不一定要一次背诵4个小时，可以在学科作业时间，一次安排15分钟背诵，一天背诵2—3次；

（4）我安排了一位同学（基础好、学习习惯好）和他结对，每周两次通过微信语音通话，互相默写单词。

小俞基本接受了我的建议，并且对安排的学习伙伴很意外，当然也很高兴。小俞妈妈也非常感谢老师，并且表达了因为无奈，假期还打扰老师。

【师者思语】

虽然学生放了暑假，作为任课老师，尤其是班主任要保持对学生的关心和对暑假生活的指导和帮助。

1. 不同类型的学生，指导策略不同

对于学习习惯好、自律的同学，可能更关注暑期锻炼指导，他们通常非常重视自己的学习成绩而忽略自己的身体素质提升。班主任可以亲自或者请学生联系体育老师，知晓学生的薄弱项目，暑假时有针对性地锻炼。

而对于学习习惯不佳又不服从家长管理的学生，就要在完成暑假作业方面给予具体可操作的支持、指导和跟进。暑假对于这些学生而言，是弥补短板的好时机，可是往往由于亲子矛盾，家长束手无策，孩子不服管教，一个暑假常常在鸡飞狗跳中过去。如本案例中的小俞，如果只是简单说教，很可能于事无补，但是给他安排一个学习伙伴来督促他，让他遇到困难有人可求，同时也可以学到对方好的习惯和做法。

2. 不同类型的家长，跟进重点不同

对于特别在意成绩的家长，要提醒他们关注孩子的体育锻炼，根据区、市的暑假活动菜单选择适合自己孩子的多去参与，以及鼓励他们带着孩子去游览祖国的大好河山。"读万卷书不如行万里路"是给他们的建议。

对孩子束手无策的家长，在了解到存在亲子冲突时，示范与孩子沟通的语言策略和技巧。还可以推荐他们阅读一些了解孩子心理的书籍。暑假不只是孩子在成长，也是家长成长的好时机。

3. 联合学科老师，暑假全方位"保驾护航"

班主任是资源的整合者，暑假亦是如此。了解学科老师对学生暑假的期待，与他们共赏具有学科特点的指导策略，利用微信平台及时分享给家长，让家长有的放矢地引导孩子。

"墙壁受损"风波

上海市彭浦初级中学　陈　敏

【师者心语】

学生是有差异的，但老师绝对不能差别对待。我们的教育对象不完美，倘若都是完美的成品，教育也就失去了必要性。

【教育之问】

问题君：每个人都喜欢优等生，对他们展现师爱是人之常情。但是每个学生都希望得到关注、尊重和体谅。对待后进生，如果老师们的态度一直是批评、冷落，放任自流，无疑是对他们的不负责，放弃了帮助他改正错误的机会。那如何在具体的问题中用爱心与宽严相济的方式，平等示爱呢？

【事件描述】

在我的班里曾有教室墙壁破洞的情况。老师们可以在妇女节期间休息半天，因此我提前安排好班级事务，选择了周四下午休息。在班级午自习过后，看到学生开始了第一节课，我便离开了学校。也是在那一天，我承认了墨菲定理：凡是可能出错的事总会出错。

我刚回到家，便接到了班长的电话，伴随着电话里其他同学非常嘈杂的声音，只听见她说教室墙壁破了一个洞。随即而来的是震惊，是疑惑，是情绪波动。几乎没有思索，我再一次回到了学校。虽然我的出现不能对恢复教室墙壁有所帮助，但责任驱使着我要去了解整件事的情况，而不是胡乱猜疑和生气。我努力使自己平静，用逻辑去判断整个事情的经过，在心里罗列了几个可能有责任的男生，想象了最可能的几种情况，最不解的是同学有多大力气，怎会把墙都弄破了个洞？

回到教室正是下课时间，刚踏进教室，同学们都是无比惊讶的表情，却也没有声音，端正地坐好，等待我处理这件事。我查看了损坏的墙壁，有两个手掌大小。位置是黑板下方，因为和隔壁办公室相接，所以墙壁是中空的，里面是电线，外层是灰泥。心中的不解已消了一半。看着他们一个个低着头，我平静地说先复习数学，因为每周的最后一节数学课都是考试。学生惊讶于我并没有立即处理事情，不过依然拿出了数学笔记本。

终于到了放学时间，学生等待着我和值日班长做一天的总结。值日班长谈到我离校后的事件，在下午做完眼保健操后，因该同学不认真做，被值日班长记了学号，学生多次与值日班长协商未果，便心有不甘地随意踢了一下墙，事后他自己也吓坏了，没想到会造成这么严重的后果。

核实整件事准确无误后，原本已平静下来的我感到的不是愤怒，更多的是哭笑不得。缩小化看，这只不过是两个同学之间平日发生的意外事件，但偶然性也体现着必然性。其实，学生的行为规范养成正是在这一朝一夕间，正是因为他们在细节处的不注意，才需要老师不断提醒，保证他们自身和其他同学的安全，并帮助他们规范自己的行为，养成好的处事习惯。

我观察到班级中不少同学已经被这件事惊吓到，并且踢墙的同学在总结时始终低着头，便意识到他已经明白自己做错了。我随即决定，这件事不能再过多地严厉批评他，如果那样做既会给他造成非常大的负担，也会使其他同学更加沉重。于是我当着全班同学的面严肃地重申了保护班级公物的意识、文明休息的方法，用理性分析事情和不良影响。

事后留下了两名当事者单独谈话，希望用宽容让他们知道自己的错误所在，并下决心努力改正。首先表扬了值日班长的立场明确，发挥了他的责任心和公正性。其次安慰从头到尾没有抬起过头看我的踢墙男生，让他重建对自己的信心，重塑在班级同学心中的形象。

离开时看他仍旧失魂落魄，我突然觉得他其实是个懂事的孩子，不应该在这件事上承受这么多，想起陶行知先生四颗糖的故事，放在他手心一个苹果，想让他好受点。"这是奖给你的，奖励你对自己要求上进，遇事懂得与人协商。"他突然抬起低落已久的头，看到我非常真诚的关心，眼中闪过一丝不解，更真诚地和我告别并向我保证以后绝不会出现此事。

当天我就这件事和同学的父母通了电话，父母透露，该男生近期一直脾气火爆，性格冲动，无法和父母沟通，和第一学期判若两人。并且想麻烦我就这件事多开导他。其实我当然明白，学生犯错是不能避免的事，学生的行为经常有反复，我想，我可以追究责任的不只是学生。只希望此事能不再恶化该男生冲动的情绪，可以顺利地度过这一时期。

第二天当我想进入班级早自习时，却发现他们早已收齐了作业，正在认真朗读我们的班级公约第二十条，在自己的能力范围内成为最好的人。这一刻，我想，成为一位班主任是幸福的。我想，他们应该不懂第二十条的内容。我想，这件事的处理是正确的。我想，我也一定不会辜负这28个孩子。

【师者思语】

后来，我反思了这件事的可改进之处。踢墙的同学已经持续情绪波动有一段时间了，在这期间，我是否可以再仔细观察留意一下他的情绪管理及变化，在有问题时及时了解情况，对他进行及时的疏导与安慰。其二，是否能更多地与家长进行沟通和联系，主动了解学生的在家情况及生活，不要到了有事情发生时再开始亡羊补牢。其三，在班级管理中也应该对学生刚柔并济，不是一味地指责与批评，要更多地予以关心和教导，告诉学生做事的方法和面对情绪波动时的处理方式，引导他们以更积极的心态面对不同的事情，做好自我情绪疏导。

一把雨伞引起的矛盾

上海市回民中学　徐洁岚

【师者心语】

一把伞，带来的是浓浓的父爱。

一把伞，撑起的是沟通的能力。

【教育之问】

问题君：学生之间的矛盾、冲突往往是由各自不同的立场导致的。教师在协调时要充分了解事件的来龙去脉，明确事件的轻重缓急，然后引导学生理解彼此的心情，从而起到协调作用，并以此向班级学生示范换位思考等沟通方式，使班级学生提高人际交往能力。

【事件描述】

高一年级的小橙和浩浩就读的学校是一所寄宿制高中，住宿生多因家校距离较远而选择住校。每周星期三晚上是住宿生的家长探访时间，家长可以在17：30至18：30期间进入学校和孩子们一起吃晚饭。

某个周三放学后，小橙的爸爸来学校看小橙，顺道给小橙带来一些新鲜的水果。小橙和爸爸一起吃完饭后，发现天空下起了毛毛细雨。小橙埋怨起来："这是什么鬼天气！天气预报没说会下雨，我这星期都没带伞。"小橙的爸爸随即将伞给了小橙，自己冒雨回了家。

晚自修前，部分学生陆陆续续回到教室，各自整理着学习用具。这时，浩浩接到一条短信："爸爸快到学校了，给你带了新鲜的牛奶，你来拿一下。"浩浩望了望教室外越下越大的雨，苦于自己没有带伞。此时小橙刚好进教室，将雨伞晾在教室后面。于是浩浩就向小橙借了伞，匆匆去接他的父亲。行至校门口，浩浩一眼就看见站在门卫室里的父亲，原来父亲来学校时也没带伞。浩浩想着从校门到教学楼也就百米的距离，但父亲回家路途遥远，于是便把小橙的伞给了自己的父亲。

浩浩回到教室后，小橙问他要伞。浩浩说伞已经借给自己的父亲带回家了，下周一会还给小橙。小橙气急败坏道："这把伞是我爸爸留给我的，我爸爸自己都没有伞！"随后小橙一边哭一边给她爸爸打电话，说自己的伞被浩浩抢了。小橙的父亲闻讯赶紧从地铁折返，又回到了学校，怒气冲冲地到教室里来找浩浩。

值班老师将情况反馈给班主任。班主任在第一时间与浩浩沟通，她告诉浩浩：自己会站在浩浩这边，在小橙父亲面前不用怕，同时也请浩浩帮个忙，一会儿在小橙父亲面前一句话都不要说。另一方面，值班老师及时拦住了准备闯入自修教室的小橙父亲。在一番谈话后，小橙父亲的情绪趋于稳定。但小橙父亲执意要见浩浩。浩浩按照班主任的要求，在小橙父亲面前一言不发。小橙父亲见浩浩一副已然知错的样子，心平气和了许多。随后，小橙父亲安慰了女儿一会儿后便离去了。

第二天一早，班主任分别向小橙和浩浩了解此事的详细过程。在小橙看来：自己的父亲舍不得女儿淋雨，才将伞给了她，自己却淋雨回家。因此小橙埋怨浩浩把伞给了浩浩的父亲。在浩浩看来：雨越下越大，小橙和浩浩都在学校里，大楼之间距离不远，况且还能和其他同学一同打伞，将伞借给父亲带回去根本不是什么大事。所以，浩浩还纳闷小橙为何如此生气。

班主任在了解情况后，让两个孩子一起到办公室。她对孩子们说："你们都长大了，会关心自己的父亲了。从这个角度来看，你俩都没有错。"班主任随即话锋一转，"我们现在跳出这个事件当事人的身份。小橙，如果你是浩浩，你会不会把借来的伞让你父亲带回去？"小橙默默地点了点头。"浩浩，如果你父亲留给你的伞被别人拿走了，你会不会更心疼你的父亲？"浩浩也点了点头。至此，学生之间的矛盾已经基本调解了。班主任就此事在班会课中抛出问题，引导学生进一步学会如何处理突发矛盾。

教育随笔 感恩有您

【师者思语】

学校是一个小社会，班级是一个小家庭。在日常生活中，总免不了磕磕绊绊等突发事件。面对突发事件，班主任应当合理地运用专业知识，科学地解决学生与学生之间的矛盾，尽量避免矛盾扩大。

缓一缓，稳定各自情绪

高中生正处于自我认知的提升阶段，当突发事件不利于自己时，容易造成情绪起伏。在学生与学生沟通时，也容易由其中一方不稳定的情绪造成矛盾激化。因此，班主任在知情后的第一时间，应当先缓和自己的心情，稳定学生、家长的情绪，避免由于心情不佳而造成矛盾升级。

在本次事件中，情绪最激动的是小橙。在日常生活中，小橙的心思较为敏感，容易因琐碎小事发脾气。此次浩浩的无心之举，让小橙非常激动。随后，小橙在与其父亲电话沟通时又哭又喊，使其父亲以为自己女儿在学校被欺凌，故而怒气冲冲地返回学校，想要质问浩浩。值班老师与班主任在第一时间稳定了小橙父亲的情绪，避免了小橙父亲与浩浩的冲突。

理一理，了解来龙去脉

在突发事件中，学生会从自己的角度认识这个事件，在言语表述中会出现利己的倾向。因此，班主任在处理事件时，要多倾听不同学生的声音，多方位地了解整个事件，理清事件的来龙去脉。

在本次事件中，小橙的反应很激烈，由此带来小橙父亲对教师的压力也很大。相比之下，浩浩还没有完全反应过来。在这种情况下，如果一味听取小橙的诉求"浩浩抢了我的伞"，对浩浩是不公平的。所以在第一天风波平息之后，班主任要继续跟进整个事件，分别从小橙和浩浩的角度理清事件的来龙去脉。在此基础上，还要和小橙的父亲进行沟通，使其充分了解事件的详情。小橙的父亲在了解之后表示自己当时没控制住情绪，主要是担心女儿被欺凌。

换一换，理解彼此心情

在矛盾的形成过程中，学生容易因自己的立场解读对方的行为，从而造成矛盾的持续或激化。因此，班主任应当引导学生说出自己的真实想法，使学生了解彼此的情况，再引导学生进行换位思考。

在本次事件中，矛盾的主因是小橙和浩浩分别从自己的角度来处理事情，导致了矛盾的激化。第一天晚上虽然基本平息了这场风波，但事件还未结束，学生心里还憋着股气。班主任通过单独谈话、共同谈话帮助小橙和浩浩多角度地看待这个问题，同时还分别指出了两人在解决问题时的不足之处。两个孩子在谈话中能够充分理解对方的立场，了解自己的不足之处。至此，整个事件才画上了句号。

议一议，提高沟通能力

每一个突发事件都是一次很好的教育主题，班主任可以抓取突发事件中的小环节，在班会课上进行主题教育，让全班学生共同参与进来，从而提高班级学生解决突发事件的能力。

虽然该事件已经结束，但班主任在征得两位学生同意后，将事件以故事的形式进行还原，给出了若干个关键节点，引导学生共同探讨该如何处理，如何与对方沟通。在班主任引导下，学生从局外者角度对事件进行了剖析，分别给出了自己的观点和中肯的建议，有助于提高整个班级学生的人际沟通能力。

教育随笔　感恩有您

做一个理性的家长

上海市崇明中学　蒋飞斐

【师者心语】

家长在家庭教育中应始终处于引领位置，就像船的舵一样，这样培养出来的孩子也会更坚韧、更主动、更自律，家长今后也会越来越省心。

【教育之问】

问题君：有的孩子在做作业时，一会儿玩橡皮，一会儿削铅笔，一会儿欣赏一下铅笔盒。妈妈看在眼里，急在心上，时常这样教育孩子："做作业要专心，知道不？"孩子点点头说："知道了。"但妈妈刚转身，背后就"啪"的一声，回头一看，一包零食掉地上了。于是妈妈又要教育孩子了："做作业时不要吃零食，知道不？"孩子又点点头说："知道了。"妈妈刚转身，孩子说："妈妈，做完作业我可以看电视吧，昨天那个啥啥啥可好看了。"妈妈一时兴奋："嗯，妈妈也喜欢看这个片子，那个谁谁谁可逗了。"你说孩子能安心做作业吗？

【事件描述】

希望孩子能够安心做作业，就不要遂孩子的心意给他买玩具型的文具。

孩子的注意力本来就不如成年人，容易分心是孩子的特点。所以，给孩子买文具简单实用就可以了，不要买花哨的东西。商家把文具盒甚至文具本身弄得色彩斑斓，像个玩具，那是要吸引孩子的眼球，为了自己能够盈利。家长给孩子买这些干什么呢？而且一出手可能就买下三五个不同的文具盒，来个七八盒彩笔，各种小本子买得更多。用得上吗？写作业是用不上的，但可以让孩子开心。而且小孩子大多都有炫耀与羡慕心理，一传十，十传百，最终获利的是商家。

如果买文具首先不是考虑功能，而是根据孩子自己的喜好决定，这就基本决定了孩子以后做作业的拖拉——孩子就是觉得好玩才要这些东西的啊，他可能完全没想到这些东西是写作业用的，更多地把它当作一种学习的装饰品，更不会把色彩艳丽与自己的学习成绩提高联系起来。

希望孩子养成好的学习习惯，可以先从教孩子学会收拾书桌开始。

现在很多家庭经济条件优越，孩子有自己的学习空间。既然是学习空间，就不要把玩具和零食放在书桌上。写作业时，书桌上除了必需的本子橡皮笔，其他都应该清理干净。孩子有没有好的学习习惯，有时看看孩子的书桌就知道了。

想让孩子学习有潜力，就不要在孩子有困难的时候立即帮助解决。

很多父母愿意陪孩子一起写作业，孩子有做不出的题目，父母马上就帮助解决。这又是很不好的家教方式。道理很简单，这样是剥夺了孩子思考的机会。一看就懂，一想就通，那就不是真正的思考了。锻炼思维，就是需要看不懂，想不通；不行，再看，再想；还不行，换个角度，换个思路……最后终于想明白了。只有这样，才能在掌握知识的同时，慢慢学会思考。

授人以鱼不如授人以渔。孩子想过河，你可以教他如何搭建桥梁，但不要直接把他背过河。有的孩子很聪明，但就是不愿意抓紧时间快速完成作业，一会儿出来看看电视，一会儿与爸爸妈妈闹一闹，当然更不少了喝杯饮料吃点点心。爸爸妈妈于是一遍又一遍地对孩子说："别闹了，赶紧把作业写完。"一点效果也没有。

对付这类孩子的办法也很简单，要求孩子在一段完整的时段写完作业，不然电视没得看、游戏没得玩、零食没得吃——总之，不让孩子如意。

【师者思语】

以上问题，已经不仅仅是写作业的问题了，更涉及父母的权威还起不起作用。孩子不把父母的话当回事，这意味着严重的家庭危机即将开始。

教育随笔 感恩有您

但有多少家长明白这些道理？好像不多。都想自己的孩子有出息，自己却严重缺乏育儿常识，这就是中国很多家长的特点。抓住事物的本质，惯养少一些，理性多一些，孩子的成长除了需要父母的呵护，也需要靠他们自主地去发展。

民主建设"自动化"家校共育班级

上海市延安实验初级中学　王　伟

一、引言

随着生活水平的提高，进入初中的学生很快就陆续进入青春发育前期，他们身上发生了明显的变化。伴随着身高、体重的迅速增长，第二性征也开始出现，他们的自我意识开始觉醒，成人感明显增强。渴望自己探索，寻求解决问题的答案，而不是听从老师的安排和说教。在班级生活中营造民主氛围，用尊重、倾听、平等的心态理解孩子深层次的感受，在和孩子们进行民主协商的过程中对班级事务做出决定，满足了他们自身成长的需要和自我实现的需要。另外，随着时代的发展，笔者清晰地感受到，当今的孩子对话语权要求更高。这就要求班主任在班级生活中进一步培养孩子们的民主素养，在参与决策、选择的过程中，让孩子们感受到被尊重、被认可，体验到积极的自我实现，进而培养其独立精神和民主能力。

二、民主管理初中班级的意义

1. 中学生民主意识培养是建设社会主义政治文明的需要

从教育的政治效用看，教育可培养国民的政治参与意识与政治参与能力。中学生正处于世界观、人生观、价值观形成的关键时期，培养他们的民主意识，使民主精神内化为他们的品质和自觉行为，将来才能成为具有自觉民主意识的公民。接受过民主的教育、有民主精神的学生能更好地担当起把我国建成为高度富强、高度民主、高度文明的社会主义现代化强国的历史重任。

教育随笔　感恩有您

2. 民主的班级生活方式是履行班主任职责的需要

传统的班级管理是以班主任为核心的，班主任拥有绝对权威，班级大小事务均以班主任的决定为准。随着时代的发展，班主任的角色定位发生了明显的变化。现代的班主任应是关心爱护全体学生，平等对待每一个学生，尊重学生人格，采取多种方式与学生沟通，有针对性地进行思想道德教育，促进学生德智体美劳全面发展。认真做好班级日常管理工作，维护班级良好秩序，培养学生的规则意识、责任意识和集体荣誉感，营造民主和谐、团结互助、健康向上的集体氛围。联合班委会、班纪委、家委会让家长、学生都"自动化"参与到班级民主建设中来。班主任的角色定位发生了明显的变化，我们要从管理学生转变为服务学生发展的人生导师。

3. 民主的班级生活方式是立德树人的时代要求

立德树人是教育的根本任务。我们要用实际行动回答"为谁培养人、培养什么人，以及怎样培养人"的问题。也就是说，我们要塑造符合国家意志、适应未来社会发展的合格社会公民。党的十九大报告中明确提出"坚持人民当家作主，发展社会主义协商民主，健全民主制度，丰富民主形式，拓宽民主渠道，保证人民当家作主落实到国家政治生活和社会生活之中"。笔者认为，民主制度的实施与完善，离不开民主教育的普及和民主能力的培养。班级是学生实现社会生活的重要环境。在这个微型的"社会"中，在民主生活中浸染，参与民主决策的演练，既可以学习相关的民主精神，又可以锻炼民主参与能力。

三、民主管理初中班级实践应用策略

（一）重视"首因效应"让学生和家长"自动化"融入班级

"首因效应"本质上是一种优先效应，当不同的信息结合在一起的时候，人们总是倾向于重视前面的信息。所以教师给学生留下好的印象会在学生心里产生肯定的心理定式，会使学生在后继的了解中偏向于发掘对方具有美好意义的品质。树立良好的初次印象可以从以下几方面着手展开。

1. 用心设计第一次家访、第一次家长会

第一次家访是班主任和学生以及家长最直接、最初的沟通，学生和家长能够感知新班主任是否用心对待第一次家访，包括着装、准时、给学生准备的预习工具等都体现了班主任对家访的重视和对教学的专业性。第一次家长会以往都是以老师告诉类和介绍类的模式为主。2019级初三的第一次家长会笔者使用了低结构模式（见下文），让家长们成为主角和老师合作解决预期的问题，在家长群内推送电子邀请函，给家委会成员颁发了班级聘书等，让家长们、学生们都感知到笔者是一个用心的班主任，愿意往后一起积极建设班级。

2. 精心设计每节课的Warming-up和pre-task环节

重视"首因效应"不仅在于第一次师生互动、家校互动，笔者认为也要重视每一个课堂的前奏，包括Warming-up和pre-task环节。笔者任教初中英语学科兼任班主任，笔者坚持在英语课的准备环节和主题教育课的引入环节做好精心准备，学生在课堂的前10分钟进入状态了，也更容易积极参与后续的课堂。笔者坚持根据不同课型结合近期的学校活动、社会热点等引出话题，充分调动学生的兴趣，学生果然比以往更多参与到课堂之中，甚至以往比较沉默的学生也愿意互动起来，以此让每节课的目标达成更加水到渠成。

（二）应用"Project Based Learning"让学生和家长的成长"自动化"聚焦

"Project Based Learning"教学法是以学生为中心，以学生项目化活动为导向，学生通过主动获取知识来合作解决项目活动中的开放性问题。项目式学习模式设计的最基本要素是以项目为中心要素，一切活动与环节都是根据项目来设计的。教师在项目式学习中的作用也很重要，教师是引导者。在民主班级管理中，学生、家长是学习的主体，在进行模式构建与项目设计时要充分考虑班级学情，设计适用于班级发展的常态化项目和主题项目与学生、家长共同成长。

1. PBL助力民主班级管理

此处引用华东师大李伟胜老师的话："班级中的教育生态，类似一个'橡皮场景'。"班级中的教育生态既是由每个班级成员共同参与创造的，同时也让每个班级成员在其中深受影响。开展项目化活动能够有效把学生的注意力引导到班级文化发展及民主型班级建设中。结合笔者所带教的2019级九（2）班的实际情况，开展了以下基于PBL的班级项目活动。

（1）常规管理敞开交往空间——民主协商

日常班级管理，笔者采用了小队项目制驱动模式，把小队流动红旗、小

教育随笔 感恩有您

队文化墙、小队作业展示墙的设计等都交给学生，每月进行一次小队文化建设评比，激励每位学生都能在小队中找到归属感。对于大型的班级活动，都让4个小队提出方案，再经中队委员会审议，并在10分钟中队会通过后定稿，让每位学生的智慧都融入常规的交往中。大到班级在全校的展示活动，小到一次降旗仪式的总结演讲，让更多学生尝试民主协商、合作提高解决问题。

（2）主题活动引领学生成长——民主交往

结合校级课题"上海笔记"及新带教六年级（2）班学生探究精神强的特点，笔者在班中开设了"上海笔记之上海物候"的主题活动。首先，循序渐进、由易到难地引导学生确定观察主题。主题在这里指的是观察对象（内容），主题的确定应依据由简单到复杂、由单一到综合的顺序。先从只记录简单事物、事件开始，随着水平的提高，再逐步把观察对象放到与之相关联的事物事件背景下观察分析，再到尝试尽可能地着眼于整体，并联系生活思考其意义。其次，立足生命对话，引导学生观察研究的组织形式。在布置学生进行观察时，笔者以身作则做笔记，并给学生看自己的作品。笔者也尝试引导学生打破课堂藩篱，建立个人观察空间，通过速写、小课题、研究报告、PPT汇报等让学生在教室外完成学习任务，更加直观地感受学习内容。此外，跨学科学习结合项目驱动，培养学生迁移观察能力也值得尝试。此处以学生尝试探究上海人生活中的药用植物为例。

前期准备：

① 向学生介绍"上海笔记"课程总目标及适用于六年级学习的"上海笔记之上海物候"的具体内容。

② 学生当堂通过手机或者平板搜索适合在上海生长的药用植物的相关信息，通过讨论分析学生决定以上海中医药大学百草园为活动地点。

③ 学生讨论并填写活动计划表，包括任务、计划、预设成果评价点、交流范围和形式，以及成果呈现形式等。

④ 以薄荷叶为例，引导学生了解薄荷叶的产地、功效、植物类别、用法、用量和食用时的注意事项等。

⑤ 每个小队讨论并决定探究的对象、小队内的分工和自己的作品，向相关学科教师寻求跨学科帮助。

实施过程：

① 笔者和其他任课老师分组深入小队协助学生根据已准备好的路线有序、安全地出行。

② 学生分工进行拍摄、写生、采摘制作标本、记录药用植物特点和生长习性等。

③ 学生分组讨论实际观察的结果与前期搜索资料的异同。

后期总结：

① 每个小队结合一个跨学科的点完成一个小课题。

② 学生自主决定在班级或年级或校级层面进行分小队汇报（包括笔记过程演讲、跨学科PBL小课题陈述、小报展示等）。

观察学习的评价：

把评价作为下一次观察学习的出发点。笔者与观察作品的作者即学生一起进行评价，这是很重要的一个策略。师生：共同梳理观察方法；生生：分享记录自己最得意、最有意义的内容；教师：指出最欣赏学生的记录点和结论的亮点，并说明理由。

如此的主题活动让每位学生在自己的能力范围内自设评价点，看到人人都能成功的希望，让个性的发展融入集体项目中，提高学生的综合实践能力和思维。

2. PBL助力低结构的家校共育

教育的效果取决于学校和家庭影响的一致性，家长参与班级民主管理是顺应时代发展的一种趋势，能更好地促进学生成长和班级发展。作为班主任应当积极向家长提供参与班级管理的平台，在班主任指导下公开、民主、科学地组建家委会，并能在学生、家长、教师的共同愿景下管理班级，协同组织开展各类活动，使家长从学校教育、班级管理的旁观者转变为"合伙人"，与班主任一起助力学生成长。笔者亲身实践后认为在班中组建一个素质过硬的班级家委会是推进家校共育的重要手段。班主任邀请家委会一起参与基于PBL班级活动、家长活动等有助于家长们沉浸式了解学生的校园生活，更积极地参与班级的发展。

然而，新接班初始阶段，建立班主任"心仪"的家委会并非易事。家长们要么为了参与而参与，并不真正想为班级服务；要么羞于表达服务班级的意愿；要么表示工作忙碌，心有余而力不足等。笔者实践了以下模式组建班级家委会起到了较好的效果。

（1）基于班情确认班级家委会分工

一般来说，班级家委会由1名家委会主席，2—5名家委会委员构成，若班级人数较多可再增设若干名家委会干事。各职位具体人数应基于班级人数、家长的空闲时间、家长的个体意愿等确定。

① 家委会主席负责参与研讨班级重大决策，协助班主任组织家委会活动等；

② 家委会委员负责分组带领其他家长研讨班级问题，参与班级活动等；

③ 家委会干事负责协助参与家委会活动及班级各项活动。

（2）多元民主协商确定班级家委会人员

① 在班会课中请学生介绍自己的家庭，说出自己父母的职业，记录比较热心的、相对有空余时间的家长，再通过微信、电话沟通进一步接触家长的为人及家庭教育理念。

② 通过家访、微信群动员家长报名等初步确定班级家委会候选人。

③ 通过任课老师推荐、班主任判断，最终确定班级家委会3名家长。

④ 经过两周的常规班级家委会活动，班主任推荐家委会主席人选，并征询本人意见。

⑤ 班级家委会成立后，夸夸成员孩子的优点，语言要中肯，也不能过于夸大。

班级家委会正式成立后，班主任和家长代表们开始真正"合伙经营"班级的成长。家委会第一次会议尤为重要，不仅能进一步拉近"合伙人"之间的距离，还能从家长的角度深入摸排班上有特点的家长和学生。

（3）PBL翻转家长会

作为家校沟通的传统方式，家长会在我国基础教育阶段，是较被家长、学校和学生重视的。但是，多数家长会尤其是初三的家长会都围绕中考备考而展开，成了"考试成绩汇报会""家庭教育批判会"或"家庭教育建议会"等。在模式僵化的同时，也遮蔽了家长会应有的德育功能与价值。2018年9月，习近平总书记在全国教育大会上强调："要把立德树人融入思想道德教育、文化知识教育、社会实践教育各环节。"这便要求班主任重新审视家长会，真正从"育分"转向"育人"，融合各方力量，形成"完整的"家长会链条。实践中，笔者尝试以PBL为载体，将会前、会中、会后三个环节贯穿起来，翻转家长会。此处笔者仍以2019级九（2）班第一次家长会为例。

会前：

班主任和家委会成员研讨，得出班级发展中存在的主要问题和隐患。

会中：

① 班主任用15分钟总结班级近况，并介绍九年级必备的学习要求和各类学校的考分要求等。

② 由家委会推荐，班主任和任课老师协商推荐家委会主席杜同学的家长分享育儿心得，讲述她在家庭教育、家校沟通方面好的做法。

③ 由3名家委会成员分别负责展示近期班中学生优秀作业、须努力作业及最创意学生作品，所有作业和作品都隐去学生姓名，请家委会成员向其他家长介绍不同类别的作业和作品情况，并交流心得，帮助学生改善作业情况。

④ 家委会随即统计家长们最需要交谈的任课老师名单，有序分组安排家长们在各任课老师前排队等候，并组织家长思考最希望向任课老师提出哪方面的建议，提高交流效率，每位家长和某一任课老师的交流原则上不超过10分钟。

⑤ 家委会成员组织家长们回到教室，并带领家长们分组研讨近期学生产生的共性问题Top 3，即"使用手机学习的利弊和解决方案""学生抄袭作业的解决方案""学生作业拖拉，影响睡眠的解决方案"。由家委会成员向全班家长分享本组讨论方案，并征询其他家长和班主任的意见。

会后：

① 会上不可能得到最成熟的方案，班主任提议会后组建3个家长群，根据不同话题继续深入交流，不断完善方案，尽快得出对大部分学生最有效的议案。

② 根据家长共识的微提案，开展主题班会"如何解决Top 3"，以此回归家长会主题，引发学生思考。

实践证明，基于PBL的低结构家长会能"重拾"德育的价值，实现了学校、学生和家长的深度参与，由此促进更佳的家班共育，让家长和学生更"自动化"地聚焦班级成长问题，精准施策助力班级发展。

教育随笔 感恩有您

（三）贯彻真监督，让班级民主生活有规可行

1. 班纪委助力学生民主监督

班级的民主生活不仅要充分尊重学生的主体地位，让他们参与民主决策的过程，更要有严格的监督做保障，这是班级民主生活的基础。为此，班主任应该让学生有更多的知情权和监督权，发动和依靠学生监班事、分班忧、担班难，从而形成师生之间相互理解、相互支持、相互监督、相互制约、相互依靠的关系。应该在班级中建立由同学们轮流担任的班级监察委，监督检查班委会的工作。若有意见，可向班主任老师汇报，这样就使班干部在行使班级某项权力的同时，更感到一种责任、一种制约、一种监督，不断努力完善自己的工作。

2. 多元民主监督班级约定

通过民主的方式制定出大家认可的管理规定后，就要组建相应的监督小组，全班同学都有权利和义务监督规定的落实。在执行过程中，班主任可以随时组织班会、班纪委、家委会对规定本身及实施情况提出意见和建议，由全体同学、家长代表在民主讨论、协商的基础上修改、完善，使之真正成为师生共同的行动准则。在班级约定中不妨设定一些针对老师的条款，这样才能让同学们感受到老师和他们是平等的。贯彻真监督，不断地评价反馈才能确保同学们养成良好的习惯，促进生命个体的真实成长。

3. 网上班务公开接受多渠道监督

凡是涉及班级重大决策及学生切身利益的都应进行班级自媒体（钉钉班级群、晓黑板班级成长圈等）网上公示，让全班同学和家长、全年级师生了解，如干部选聘、三好生评选、综合素质评价成绩、评优选先等。只有让学生对班级工作了解得越深越多，思想和行动上的参与范围越广，才能够减少个别小团体给班级民主生活带来的不良影响。

四、民主管理初中班级的反思与展望

改革与完善班级管理是每个教育者更是每个班主任必须钻研的课题。随着时代的发展，当代中学生的时代特点愈发显现，这就要求初中班主任要打破固有的管理理念，客观、理性、全面地去了解当前班级管理过程中存在的问题，从而找到科学有效的对策。笔者通过不断实践民主管理初中班级，也

不断丰富自己的教育理论及更新教育理念，建立良好的师生关系，引导中学生明确主体意识，帮助中学生养成包容意识、树立平等态度。笔者积极实践班主任管理与任课教师配合管理相结合，班级管理与学科德育互相渗透，引导开展家庭民主教育与学校民主管理相配合，以此更好地挖掘初中生在班级中的管理潜能，让班主任做一个好的指导者和倾听者。同时，班主任还应通过多样化的教学组织形式刺激学生的需求、设置问题情境以差异刺激学生需求、通过灵活创新的德育评价刺激学生需求、用平视的角度欣赏学生以满足学生"被重视"的心理需求。班主任应积极尝试把班级还给学生，使之成为促进每个学生主动成长的最直接的文化生态。为此，班主任最应做的应是引领学生共同创造并维护这种生态，使之呈现出勃勃生机。

参考文献：

［1］吴小霞.班主任微创意［M］.上海：华东师范大学出版社，2018.

［2］卓月琴.青年班主任的九大问题破解［M］.上海：华东师范大学出版社，2018.

［3］李伟胜.班主任工作的教育思路［M］.上海：华东师范大学出版社，2013.

［4］肖凤娥.新形势下小学家校合作模式探究［J］.中小学德育，2018（6）42–43.

［5］周大平.求索中的家长委员会［J］.教育与管理，2012（22）：40–41.

［6］华明洋.利用"首因效应"提高教学有效性［J］.中学生数理化（学研版），2015（03）：18.

教育随笔 感恩有您

在学生心中洒下一米阳光

上海市杨浦区回民小学　金丽雯

【师者心语】

当学生产生心理问题，如何在学生心中洒下一米阳光呢？这是需要一些教育策略和艺术的。无论学习还是生活，老师都要多给予鼓励和引导，细心、全方位地关心学生，使学生逐步走出心理困境。

【教育之问】

问题君：小学生的心理问题也已不是个案，当学生产生心理问题时，作为老师的我们应该怎么做才能使学生逐步走出心理困境呢？

【事件描述】

小苏是我们班活泼开朗、待人友善的小女孩，她一直担任班级的文艺委员，负责班级的文艺活动和黑板报工作，表现出色。但开学后不久，我发现她的性格没有以前开朗了，对待同学不如以前热情和友好，还和同桌发生了争执，成绩也下降了不少。我私下找过她几次，但教育后仍不见好转，她自己也说不出情绪失落的原因。我思来想去，认为她的心理健康出现了问题。因此，我想通过一段时间的心理教育帮她走出困境。

有一次，我看到她在同学的黑板报上乱涂乱画，我立马叫她停下来，并且向同学道歉，但她很不情愿。几天后，我发现她一下课就趴下睡觉，而不像其他小朋友一样去教室外面玩，同学叫她玩游戏，她也不愿意加入。我觉得她的心理状态不太稳定，于是和她谈心，希望她能说出心理感受和情绪低落的原因。她却支支吾吾不肯说，一直低着头。我想先给她一些信心和鼓励，让她的心情能够愉快一些。不过单凭一次心理教育是完全不够的，所以我还采取了其他方法。

【师者思语】

（1）我联系了小苏的父母，他们也觉得小苏最近在家的情绪也很大，似乎不受控制，会无缘无故地发脾气。我建议小苏的父母有空的时候多陪陪孩子，天气好时去户外多活动，多和小苏聊一些心里话，尽量让孩子将内心的压力和消极情绪释放出来。

（2）在班级换座位时，我让一个平时和她玩得很好的女生（小琪）和她同桌，并且和小琪说明了情况。小琪很乐意地答应了我，说会主动和小苏玩游戏、讲有趣的故事给她听。

（3）心理问题不是短时间内可以解决的，需要教师潜移默化地改变学生的想法。因此，我利用一个班会课的机会，向同学们说明了小学生容易产生的心理健康问题，并通过教育短片和动画片的形式告诉孩子们，心理状态的波动其实并不可怕，重点是要将自己的感受告诉身边亲近的人，释放自己的压力。这次班会课后，我发现小苏比之前开朗了一些，成绩也有所进步。

在小琪、班级同学、家长和我的共同努力下，小苏逐渐走出了低落的情绪，成绩也提高了不少，也积极参与学校的活动，又和同班同学打成了一片，这让我十分欣慰。通过小苏这件事，我感受到关注学生心理健康的重要性，也切实体会到了班主任工作的不易。

小学生心理健康常见问题主要包括：一、自主学习方面。家长对分数的敏感程度更甚于孩子，给孩子造成不必要的心理压力。个别孩子面对升学困难问题，感到前途渺茫，导致思维迟缓、缺乏自信，厌倦学校生活，产生"厌学"心理。二、个体差异方面。个别小学生对自己的品质、智力、能力、体质感到怀疑，过低评价自己，甚至看不起自己，自卑感严重，胆小怕事，性情孤傲，导致孩子不愿与他人接触，喜欢独处，产生"孤僻"心理。三、家庭教育方面。独生子女学生越来越多，他们从小受到父母的百般呵护、溺爱、娇宠，没有经历过风雨和磨难，自理能力较差，缺乏独立意识，什么事情都要依赖家长，产生"依赖"心理。四、沟通交往方面。个别学生缺乏交往经验，遭遇挫折打击时，思维狭窄，沉默寡言，不听劝阻，自行其是，不能客观对待问题和困难，不懂理解宽容，产生"逆反"心理。

作为班主任老师，我们首先应该发挥自身在积极心理引导方面的榜样作用。良好的师生关系中，教师一方面可以是严师，另一方面又可以是学生的伙伴。在孩子的一生中，除了父母和亲朋好友之外，对他们影响最大的当属教师了。小学生还处于个性意识刚刚萌芽时期，小学阶段是孩子的模仿阶段，老师的一言一行势必对孩子造成很大的影响。因此教师有必要学习积极心理学。如果要求我的学生心态有一米阳光，那我首先就要做一个拥有阳光积极心态的人。通过积极心理对小学生心态进行良好的培养，让小学生内在的积极心理得到培养，减少消极心理对自身发展的消极影响。教师如果善于引导学生的积极心理，教师的谈吐、气质、性格等能被学生认可，那就能对学生形成正面的积极影响。

除此之外，我们还应当加强对小学生的班级心理辅导，使小学生掌握必要的心理常识，了解积极心态的好处，并养成良好的行为习惯。如今学校教育已经将心理健康教育纳入教育教学计划，我们可以通过课堂教学加强对小学生的心理辅导，在课堂教学中渗透积极心理学的知识，让学生受到潜移默化的影响。在心理健康教育课堂上，我们可以从心理小活动入手，让学生进行角色体验，引导学生自己感受积极心理的影响。通过小学生最爱的活动方式，可以让小学生积极参与活动，充分发挥小学生的聪明才智，发展小学生的思维力、想象力、创造力，在玩中学，在潜移默化中塑造学生的阳光积极心态，提高学生的心理素质。比如，我们可以利用动画的角色来影响学生的心理和想法。小学生在观看动画片时，可以在寓教于乐的过程中学到很多为人处事的道理，在潜移默化中对知识的理解、对儿童的心理健康成长起到了推波助澜的作用。儿童在小学阶段各方面都处于成长阶段，动画片具有宣传和说教意义，对学生思维的发展和智力的发育具有不可磨灭的作用。

我愿用自己的教育机智在学生心中洒下一米阳光，让学生心态坦然、健康地拥抱明天！

关注内向孩子

上海市民办新北郊初级中学　丁毅颖

经过班主任工作室8次的通识培训让我在班主任工作中有了很多新想法和新方法。在这几次培训中让我印象最深刻的是《悲伤逆流成河》的导演落落。她的到来让我对她既好奇又心疼，通过她对自己学生时期的一段经历的描述让我感受到她内心的孤单和不被理解，完全没有一个电影导演的架子和自信，更多的像一个学生般的怯场。

其实回到我们自己班级中，会有很多孩子平时既不惹事，也不出挑，班级活动总是坐在观众席上默默地为台上的同学加油。这类内向不愿表现自己的孩子却成了我们班主任工作中最容易忽视的一个群体。

一、内向孩子的几个表现

1. 不爱讲话

内向的孩子往往是一个很好的聆听者角色，喜欢从他人的言语中获取自己想要了解的东西，却不愿意主动找话题与别人交流，生怕说错或是得不到别人的呼应，所以长时间就成了一个被动的听众。

2. 会做的事情也不愿去做

有时老师提出的问题明明答案了然于胸却装作一概不知，生怕同学会觉得他故意表现自己或是回答的答案不是最好的。

3. 不主动与同龄人玩，甚至躲起来

面对同伴的邀请会表现出怯场或是不自在，更别提主动和他人说话玩耍，总是喜欢独处。

· 171 ·

4. 一到人多的环境就不自在

一到人多的地方就想躲起来不和别人交流，就像一个隐形人一样不被人发现，毫无存在感。

5. 不敢独立完成一件事

缺乏承担责任的勇气，总希望可以依附他人一起完成。也许有时并不缺乏做事的能力，但往往不信任自己，总觉得自己会把事情搞砸。

6. 不愿向他人表达自己内心的真实感受

无论是开心还是难受都自己放在心里不愿与他人分享，觉得别人会不理解他或是觉得不可理解。

7. 面对陌生人或不熟悉的人会害羞

见到陌生人会产生距离感，甚至排斥不熟悉的人，所以表现得很冷淡或是一言不发。

二、内向孩子表现背后的原因

1. 家庭因素

现在社会各方面的问题都有可能影响一个正常家庭，很多孩子一开始并不是内向性格，但随着父母的离异或是其他家庭原因也会导致孩子性格发生变化。

2. 社会因素

如今网络科技发达，人与人交流变得异常便利，社会信息也更新得很快，所以很多孩子受到社会负面影响的概率也大大增加，三观也会随之改变，因此性格也会和以前大有不同。

3. 自身因素

很多孩子会由于父母基因或是从小受到父母性格影响自然而然形成内向性格，或是从小接触同龄人不多沟通较少等长大成人后就在社交方面有所不足，渐渐变得内向。

无论是何种原因，归根结底还是因为缺乏自信。乐观开朗的孩子做什么事都觉得很开心很有冲劲，毫不畏惧任何可能发生的困难，而缺乏自信的孩子做任何事都会提心吊胆，好一点的会小心谨慎，严重的就会直接放弃。长期下去会对他们今后的学习、工作、生活产生一定影响，所以及时引导这些孩子改变自己是很有必要的。

三、根据不同表现和因素采取针对性措施

1. 先进行情况了解

孩子从出生到开始形成自我意识阶段都是活泼开朗的，所以内向的孩子一定会有其特定的原因，所以作为老师先去了解情况这是非常必要的。但是又不能直截了当地问孩子本人，需要从侧面去了解他的内心想法。例如，老师可以先从班级情况询问着手，让孩子对班级产生归属感，鼓励孩子多观察班级其他同学的行为。这样可以看出孩子的内向性格是否受到班级同学影响。其次从学习上询问孩子家长对他的期望或是管理模式，这样可以排查出是否是家庭原因造成的。最后可以让孩子谈谈对自己的看法，找出其性格特点形成的原因。

2. 在班级中提升孩子的"知名度"

内向的孩子往往很难得到老师的关注，自然也就得不到同学们的关注。所以老师可以通过表扬这些孩子的作业或是一些细小的为班级服务的行为，提升其在班级同学心目中的地位，同时也增强了他们的自信心，这样他们便会朝着老师表扬的方向继续努力，而且也会得到更多同学的示好与关注。例如，可以表扬孩子写字端正清晰，打扫卫生认真负责，从不与班级同学产生矛盾处处谦让等。内向的孩子虽然嘴上不说但内心还是希望得到老师、同学、父母的肯定的，所以班主任正好顺水推舟建立和他们之间的信任感，为之后的工作奠定良好的信任基础。

3. 根据外因和内因进一步开导

如果孩子是因为家庭或社会这类外因而受影响的话，作为班主任需要与家长及时沟通，因为孩子终究与父母相处的时间较多，更能发现孩子平时生活中的问题。我们要让父母意识到性格内向本身没有问题，但导致性格变得内向的原因是问题的关键，说明孩子心里这道坎没有跨过去，需要大家一起努力帮助孩子拔去心中的这根刺，这样孩子在接下去的学习和生活中才不会受到更多的影响。

如果孩子是因为自身原因导致性格内向的话，作为班主任可以为他们创造更多与人相处的机会。例如，班级节目表演，这是需要团队合作的，每一

位同学不但要把自己那部分表演做到最好，还要配合其他同学的演出。又或者是班级组织的辩论比赛，既考验一个孩子的团队合作也增强自己班集体荣誉感，让大家可以看到他们身上的闪光点，同时也能增强自信。但有时候内向的孩子也会出现倔脾气，老师安排的很多集体活动他们内心并不愿意参加或是排斥与同学们合作，这时候班主任老师就要做好心理疏导工作。首先要让孩子明白老师不会勉强他们参加自己不愿意的活动并能理解他们内心深处的顾虑，然后从另一个角度告诉他们，老师经过长时间考虑觉得这个角色或是任务他是最合适的人选，如果是其他同学来做可能效果便没有预想的那么好，老师可以给予足够宽裕的时间让他们进行取舍，但最终老师都会尊重他们的选择。内向的孩子更多需要的是理解、鼓励和被尊重。虽然他们还小，但是他们有自己的想法，作为老师不是去打破他们的种种想法和行为，更多的包容和尊重才是他们想要的。班主任虽不是亲人，但是我们要像母亲关怀孩子一样呵护他们的青春。

四、总结

内向的孩子通常不善与人交往，不善语言表达，虽有很多想法却没有勇气付诸行动，他们或自卑或多疑甚至有些自闭。说得严重些，在当今这样的社会中，竞争如此激烈，人情世故繁杂，社会关系复杂，内向的性格能胜任的职业少之又少，基本很难在自己的领域有所成就。作为教师的我们就必须为更多的孩子计之深远。

不同的孩子有着不一样的性格，但我们往往关注的是喜欢绕在老师身边或是问题不断的孩子，但静下心来思索一遍全班同学的名字，是否有那么几个虽然每天都批到他们的作业，每天上课都提问过，每天都在眼前出现却记不得他们有什么印象深刻的表现。从这一刻起，请关注那些有点内向的孩子，也许下一刻他们会绽放出不一样的烟火。

父母作为孩子的第一任老师，起着带头示范作用。因此我们班主任除了要在学生本人身上下功夫，也要时刻提醒他们的父母，为孩子尽可能营造温馨的环境，让他们的心安定下来，只有静下心来才能好好学习和生活，只有静下心来才能感知身边的美好，只有静下心来才能知道乐观开朗是一切成功的开端。

参考文献：

[1] 潘登斌.浅谈教师与性格内向学生沟通的技巧 [J].天津教育，2002
（9）：27-28.

教育随笔 感恩有您

家校沟通需要"新"智慧

上海市大同初级中学 汪 妍

"办好教育事业，家庭、学校、政府、社会都有责任。"家长在孩子成长和教育中的重要作用显而易见。在过去的6年班主任工作中，随着时代的不断变化以及自身工作经历的日趋丰富，在和家长沟通中，我逐渐琢磨出了些"新"智慧与大家分享。

一、沟通立场发生变化：从我是老师你是家长到我们都是孩子的教育者

刚入职时，我和家长的关系可以说是"上级"对待"下级"，尽管礼貌有加，可是在孩子的教育问题上，都是以我的意见为主，家长负责执行。对于家长，我更多的是通知、反映情况，遇到问题比较大的孩子，我私下也会责怪家长不管教，也会把问题归咎于家庭教育上。记得有一次，一位家长气急败坏地打电话给我，说我没有让她家的孩子入团，暗示我偏心，尽管我当时耐心地解决了问题，可私下里还是觉得家长不理解我的工作。这时的我似乎并没有和家长站在同一条教育战线上，而只是把家长作为我工作中的一个对象而已。可等我自己做了妈妈之后，再去担任班主任工作，我也就十分理解家长们的心情。特别是孩子上了幼儿园以后，自己有了家长这一身份，也就更能理解家长，更能换位思考。

1. 理解家长的诉求和教育上的无力

"望子成龙""望女成凤"是每个家长心之所想。家长们都对教育好孩子有着强烈的愿望。随着家长自身知识修养的提高，他们在孩子的教育中

也在争取自己的话语权，他们也在为自己的孩子争取最好的教育资源。这都是人之常情。作为班主任，我们首先要认同他们的这份爱子之心，将家长的诉求，作为工作计划安排中的一部分考量因素。然而，家长这份从业人数最多的职业却从来都是无证上岗的，缺乏如何开展家庭教育指导的他们，只能将求助的对象锁定在老师身上。因此有时难免会"心急"，这时作为班主任的我们就需要去理解他们的情绪，与他们共情。一旦家长认定老师与自己是一条战线的，那么在教育上，就比较容易步调一致，减少内耗，提高教育效果，避免了"5+2=0"的情况。

2. 引导家长更多地参与到教育中来

在日常工作中，我们班主任应努力创设条件使家长从一个学校教育的"旁观者"变为学校教育的"参与者"，创设条件使家长参与到学校的教育工作中，提升家长对学校的责任感和归属感。比如，可以让家长积极参与班级、学校活动，如我校举办的运动会、迎新活动都会邀请家长代表参加，让他们以"另一只眼睛"观察学校，感受教育。在班级层面，也可以组织一些亲子活动，如我校初三年级部分班级就开展了"家长微课堂"，邀请各行各业的家长来介绍自己的工作，给孩子进行生动的职业教育；又如学校的14岁生日活动，我就邀请家长们给孩子写一封信，给孩子们送上生日的祝福。让家长参与到班级活动中来，让他们能够了解孩子们的学习生活情况，同时肯定家长们的付出和不易。这对家长回家开展家庭教育也会有很好的反拨作用。

二、沟通内容发生变化：从反馈表象到分析成因

"汪老师，你不要找我妈妈了。""汪老师，你是不是又要跟我爸爸批评我呀！不要呀，他肯定要打我的。"每次，我只要约谈某位学生的家长，这位学生就会哀号一声。确实，工作初期，在向学生家长反馈时，我主要的内容是反映孩子在学校里包括作业拖拉、上课走神又或是与同学有肢体冲突等情况。然而，沟通的目的是为了让家长了解孩子的问题，帮助孩子进一步成长。可上述内容的沟通，除了让家长的"火气"噌噌往上冒以外，实则没有什么实际的效果。纠结时，办公室老师的一句"透过现象看本质"让我如同醍醐灌顶，也领悟了些与家长沟通的智慧。

1. 分析现象了解本质

孩子在日常学习中暴露出的问题只是表象，如果我们老师和家长只是针对这个表象在用力，那就真是治标不治本。也有可能刚解决了这个问题，又冒出了另一个问题，忙着"灭火"不说，还不利于亲子关系、师生关系的发展。因此，相比于表象的探讨，通过家长与老师的沟通找到这些现象背后的真正原因才更为重要。比如，孩子作业拖拉，是否是因为家长在作业后额外的作业布置得太多；孩子老是迟到，是不是从小规则意识没有培养好；孩子脾气暴躁，是不是父母也是如此对待他的。通过本质的分析，找到引发现象的原因，才能开展后续的引导工作，实现家校合力。

2. 充分准备，出谋划策

如同上文所说，无论家长的学历有多高，抑或是有着多么丰富的人生阅历，可是在面对自己的孩子时，也有束手无措的一面。班主任老师也常常会遇到，在反馈完问题之后，家长两手一摊说："老师，你说的问题我都知道，可我也不知道该怎么办。"因此，在与家长约谈前，班主任老师要想好针对性的解决方法，在了解了孩子问题背后的成因后，要能够给出有效的建议，让家长可以在家中进行操作，不要让家校沟通变成吐槽大会，而是让这次交流成为解决孩子问题的契机。

三、沟通方式发生变化：从"单一线下"到"双管齐下"

1. 使家访高效化

家访作为班主任了解孩子的重要途径，却往往不怎么受家长和班主任的喜爱。特别是新接班家访时，班主任家访量大，又恰逢酷暑，对家访这个任务真的爱不起来。可是作为走近学生、了解学生的重要方式，家访在我们班主任工作中是必不可少的。在家访中，我们也常常会遇到一些不可控的情况，如内向学生不愿交流或家长反映的情况不实，使得家访变成了"尴聊"；又如家长没有给予我们所要了解的信息，而是一味地询问学校的情况，使得家访变成了"答疑"。针对这些问题，我设计了"家访小问卷"这个小利器来使家访更加高效。问卷包括学生填写部分和教师填写部分。学生填写部分包括介绍自己的兴趣、爱好、优势以及想在班级担任的职务。家长填写部分则包括学生在家的学习表现、作业是否拖拉、学生从小由谁带大等。在家访前，我将问卷下发，让学生和家长填写。家访时，回收问卷，根据问卷内容进行进一步的交流，这样家访就更有针对性。再者，学生和家长对待问卷的态度，也反映了他们的处事风格。

2. 使家长会务实化

组织家长会是家校教育过程中的必要环节，也是班主任同家长沟通的重要方式。以前的我常常将家长会当作一个学校向家长汇报工作的平台，而随着教育经验的积累，我发现家长会的作用不容小觑。家长会不仅是学校与家长沟通的重要途径，也是家长之间互相学习的平台。

要开好家长会，会前准备必不可少。我常在家长会前利用"晓活动"开展"晓调查"了解家长在育儿过程中的困惑，在家长会上集中解答，这使得家长更有针对性。同时，根据学生近阶段在学校的表现，也可以设置任课老师"微诊断"等活动，使家长会不再是单线的通知，而是一次班主任与家长、家长与家长之间的交流。另外，在一些小细节上下功夫也会使家长会充满"温暖"。比如，这几年来，我在家长会前，都会设计电子邀请函，放上班级同学的大合照，这一环节会让家长对家长会也充满期待。又如，让学生给家长们写几句话，可以是"好好开会"的叮嘱，又可以是"别批评我"这样的俏皮话，家长在开会前或开会后打开，看看孩子们的心意，增进亲子关系。通过这些小妙招，让家长会不再是单线的通知会，而是真正成为家校沟通的平台。

3. 使互联网APP实用化

随着互联网的发展，不少APP应运而生。相比于过去家校沟通仅限于线下操作的局限，如今线上交流成了搭建家校沟通的桥梁。微信作为现代人主要的沟通媒介，"晓黑板"作为针对家校沟通而设计的程序成了教师与家长沟通的主渠道之一。巧用微信和"晓黑板"使得家校之间的关系更为紧密。

（1）巧设班级微信群：如今一建班，班级微信群就会应运而生。尽管部分老师对此很排斥，觉得这是家长东家长西家短。而在我看来，这却是凝聚班级家长，增强沟通效率的一种形式。在班级微信群中，可以设立家委会进行管理，除了定期发布通知分享学生活动照片外，也可以定期在群内开展微论坛，将学生共性的问题拿到群里大家一起分享解决。通过家长群的建设使班级家长拧成一股绳，成为学生教育的一股力量。

（2）活用"晓黑板"："晓黑板"作为一款为老师量身定制的APP，它的不少功能可以为我们班主任所用。"晓通知"用来发送通知，"晓活动"用来收集活动照片素材，"晓成长"用来记录班级档案，"晓讨论"用来采集家长的主意和想法，"晓打卡"用来培养学生良好习惯。上学期，我们学校初一年级就利用"晓打卡"开展了学生运动、劳动的双动打卡活动，并评选出劳动小达人、运动小达人，进行学校表彰。这就是非常典型的利用线上APP使家长和学校形成合力，帮助培养学生的良好习惯。

在学生的成长过程中，只有家校两股力量拧在一起，形成合力，才能真正助推孩子的健康成长，而我们班主任就是把这两股力量拧在一起的利器。

让生涯唤醒自我认知　让快乐伴你同行

上海大学市北附属中学　金　晨

工作近10年，始终作为班主任在一线开展教育教学。在平时的班级管理中，最让人劳心费神的往往是那些学习成绩差、思想意识差、没有明确的学习生活目标、不思进取又屡教不改的"后进生"。然而，近些年，班级管理中出现状况的学生却未必都是这类"后进生"。

班上张同学成绩始终名列年级前茅。善于学习的他总能获得同学、老师的一致肯定和赞扬。在他的周围总有一群伙伴讨论着数学怎么解、语文默写背了吗、哪本英语单词编得详细等问题。就是这么一个看似积极向上的孩子，在某天突然做了一件令家长和老师都匪夷所思的事……

"金老师，你看这个准考证可以用吗？"春考候考点门口，一位慈祥的母亲匆匆向我跑来，手里拿着一张已经被撕成碎片后又用玻璃胶带贴好的英语准考证。我一边安慰焦急的母亲说可以用，一边询问到底发生了什么事。原来是张同学昨天语文考试不理想，一回到家就焦急地把准考证给撕得粉碎……春考过后紧接着是区定位考，也是在成绩还没有出来的情况下，他捂着脸对着老师痛哭："老师，我不想活了。"他转身就要往窗口跳，见势不妙，我下意识地拉住学生，并在楼道口几个高个男生的帮助下，将他送往学生发展中心，安抚情绪。

惊魂未定的我开始审视学生出现这类问题的原因。为何成绩如此优异、有要求的孩子会出现这么过激的行为？究竟是我们的教育方式不当还是学生自身存在问题？在与家长的沟通中，我渐渐意识到问题究竟出在哪。

从家庭教育角度看，一方面家长忽视了孩子成长过程生涯的引导，一味地拿自家孩子与朋友家重点中学的孩子作对比。另一方面，孩子自身也缺乏合理的自我定位。心理学认为由于文化、知识水平及周围环境背景的差异，人们对问题往往有不同的理解和认知。所谓认知一般是指认识活动或认识过程，包括信念和信念体系、思维和想象。具体来说，"认知"是指一个人对一件事或某对象的认知和看法、对自己的看法、对他人的想法、对环境的认知和对事情的见解，等等。例如，张同学的父母出于对孩子的鼓励，经常拿优秀的孩子作例子，希望孩子也能以此为榜样。然而，张同学却将父母的行为理解成对自己的不满。这就是认知上的偏差。

认知疗法的主要代表人物贝克（A.T.Beck）说："适应不良的行为与情绪，都源于适应不良的认知，因此，行为矫正疗法不如认知疗法。"例如，一个人一直"认为"自己表现得不够好，连自己的父母也不喜欢他，因此，做什么事都没有信心，很自卑，心情也很不好。认知疗法的策略，便在于帮助他重新构建认知结构，重新评价自己，重建对自己的信心，更改认为自己"不好"的认知。因此心理学认知疗法的目标不仅仅是针对行为、情绪这些外在表现，而且分析病人的思维活动和应付现实的策略，找出错误的认知加以纠正。

依据心理学原理，如何应对此类现象的发生？如何预防此类现象的加剧？我认为有如下几个方面要做。

一、分析个体思维，找出认知偏差

一方面与家长做好沟通，劝导家长调整对话的策略和方式，找寻学生出现此类状况的原因。例如，沟通中，家长意识到自己说话方式上的不妥，今后改进。另一方面，待学生情绪稳定后，寻找恰当的时机了解学生的认知偏差。例如，张同学认为，春考、一模的失利，必将使自己不能考入心仪的院校。即使在分数还没有公布的情况下，自我的妄自菲薄已经代替了理性的自我定位。

二、生涯引领，创设德育契机

2016年教育部正式发布的《中国学生发展核心素养》中指出，学生不能只躲在"象牙塔"内。对内要不断进行自我探索，了解自身情感；对外要了解社会发展和国家人才需求。不少学者指出，"中学生涯教育"是指在中学阶段开展的生涯教育，包括自我探索（兴趣、能力、价值观、个性）、外部探索（职业、大学、家庭），以及能力培养（自我控制、时间管理、情绪管理、人际交往）三方面的内容。目的在于帮助学生更好地认识自己与社会，让学生过有目标的校园生活。

高中三年是一个整体的规划。为了最大限度避免此类情况的发生，我以为用生涯教育唤醒自我认知将会是一种行之有效的方式。

1. 开展丰富的德育课程

文化艺术节、体育节、义卖等活动都能成为学生的德育课程。例如，在文化艺术节的合唱排练中，有的学生会自发组织进行排练，有的学生会提供排练活动的方案，有音乐方面特长的学生担任指挥、独唱，等等。在活动中，学生重新建构自我认识。教师在活动中，更多扮演观察者、决策者、引领者角色。通过适时的点拨，发现班级群体的特点，并对班级个体的性格特点做进一步的了解。有趣的是，你会从活动中发现不少学生的另一面。一些平日里沉默寡言的学生或许在活动中会成为活动的中流砥柱。不少令人感动的场景会在活动过程中闪现。

2. 提供多元的课外活动和丰富的社会体验

直接的活动体验对高中生而言是难能可贵的，因为高中阶段的学业任务相对较重，要根据高中生的需求设计多元的课外活动和社会体验，为他们提供有价值的学习体验和职场感受，从而丰富自己的人生价值选择。而这种设计一定要符合学生自身的特点和需求，切忌"一刀切"或者准备不足，没有针对性的社会体验活动很难对学生产生积极作用。对处于生涯探索阶段的高中生来说，生涯教育的主要任务是给中学生提供丰富、多元、优质的生涯体验，让其有机会在不同领域、不同方向的尝试中逐渐形成自我认同，而不仅仅是确立一个目标。让高中生形成对特定学习任务的效能感、意义感和兴趣，从而形成对自己未来的独特期待与追求，使他们有勇气、有信心做出决定，并对自己的决定负责。它的核心和重点在于通过提供不同类型、不同领域、不同要求的学习机会，激发学生的生涯自主性与能动性。

在高一、高二期间，依据上海综合素质评价的要求，每个学生要完成60学时的职业体验活动。活动覆盖各级各类企事业单位、公益服务团体等。像敬老院、地铁站志愿者、外企HR助理等。每一类活动都有特定的活动环境和主题。例如，敬老院的活动旨在培养学生敬老护老意识，并对社会服务行业有初步的认识，为某些专业志愿的填报，像护理、医疗器械等提供依据。像地铁站志愿者活动，能够培养学生与陌生人的交流能力。

3. 要提供丰富的职业认知

张同学在心态上出现问题，很大一部分原因在于自我认知不清，同时对于职业的选择出现困惑。在他看来，考不进本科就是就业无望、无能的表现。正是这种扭曲的想法，使得孩子出现了轻生的念头。因此，面对春考、大专自主招生考试时，班主任要对某些职业前景进行介绍。依据学生个体的特点，介绍相关专业并提供体验的场景，使其获得较为清晰的认识。

对于无法充分进行实际探索的高中生，替代经验的积累是其获得职业体验最迅速最有效的方式。因此，应帮助高中生学习相关领域的典型人物，使之透过典型人物的替代经验，获得较为全面的职业体验，进而把职业精神和职业价值融入自身职业理想之中，对现实的学习生活产生影响。此外，通过访谈、参观、讲座和分享等各种形式，也可以间接拓展高中生对专业、大学和职业的体验。

让生涯唤醒自我认知，让快乐伴我同行，在新一轮教育改革背景下，势必成为班主任班级管理的新起点和方向。其中还有许多需要进一步探索和实践的经验值得各班主任共同分享和总结。

做智慧班主任　优化班级德育工作

上海市第二初级中学　周鸿艳

一、以具体目标，引导学生发展

一个人如果对自己有了具体明确的目标，就会为此不断地努力。对于初中学生尤其如此。确立具体、明确、可行的目标能督促学生自身的进步。因此，在班主任工作中，每接手一个班级，班主任应该与班级同学根据班级的实际情况共同讨论制定班集体的奋斗目标：建立具有良好班风、学风的班集体。争取在月评比中获得校"十项评比优胜红旗"及在学期末参加"校文明班"的评选，以实际行动践行社会主义核心价值观。目标制定的过程，是让班级每一个成员爱上集体、感受"我与班级荣辱与共"的过程。一个好的班主任一定是有激情的，也应时刻鼓动学生们的热情——"我们自己的兄弟姐妹，我们不爱谁爱？我们自己的集体荣誉，我们不争取谁争取？"同时通过进行学生、家长问卷调查及观察、沟通等方式了解每个学生的情况，在此基础上，分阶段、有梯度地与学生一起为个人设立合理的学习及日常行为规范目标。比如，对常迟到的同学，先尽量少迟到，再做到不迟到；对上课爱说话的同学先保证上课少说话直到不说话；成绩在二三十分上下的同学争取先达到四五十分；长跑不达标的同学先慢慢练习，增强耐力，等等。既设有目标又不至于让学生感到遥不可及，当初级目标达成之后，再设立高一级的目标，从而为实现自身的学期、学年目标及班集体的整体目标而努力。

二、以责任意识，驱动学生发展

苏联教育家马卡连柯曾说过："培养一种认真的责任心，是解决许多问题的教育手段。"对于初中学生来说，培养责任意识，关系到他们的现在、将来，甚至决定着他们的人生。作为班主任，在这方面更应该给予学生足够的引导和教育。当学生具有了对自己、对班级的一份责任心，就会注意规范自己的行为，并会为争取班级荣誉而努力，从而对其自身的发展起到驱动作用。学生的责任意识可以从多处培养：不违反课堂纪律，保持班级环境卫生，实行个人垃圾分类，按时交各门学科作业，自觉遵守学校规章制度，积极参加校内外各项实践活动，等等。

班级可以实行值日班长、值周班长负责制，注重值日班长、值周班长全方位自主管理的培养。做好"值日班长、值周班长管理制"的宣传、引导、扶持工作。激励同学们重视和完善值日班长、值周班长负责制度，加强学生的自主意识和责任意识。班级学生每人轮流担任一天值日班长，负责班级全天管理，由监督各科科代表的作业本收交情况到课堂纪律、卫生保洁、值日生工作等。班级干部轮流担任值周班长，配合督促值日班长工作。并在每周由学生直接评选出最称职的值日班长给予表扬，进一步激发学生的参与意识。作为值日班长要想将工作做好，首先要自己起到带头作用，无疑对其自身起到了很好的督促作用；而在监督、检查同学的过程中，也感受到了班级干部、老师的辛苦，从而会更好地配合班级干部及班主任的工作。班级的值日班长、值周班长制度得到了进一步完善和加强，不少同学的管理能力也得到了提高。这样，我们既使班级工作得以顺利开展，又强化了学生们的责任意识，驱动了他们能力的发展。

三、以鼓励表扬，激励学生发展

苏联著名教育家苏霍姆林斯基曾说过："没有培养不好的儿童，没有哪个儿童天生不可教；只有不会教的老师，没有不能教的学生。"我们该如何激励学生？如果一个孩子生活在批评中，他就会认为自己一无是处，也发现不了别人的优点；如果一个孩子生活在鼓励中，他就会对自己充满信心，也会以乐观的心态面对周围的一切。然而对于一些学习及行为规范方面不足的学生，得到的鼓励与表扬少之又少，以至于有可能连他们自己都对自己失去了信心。其实，他们更需要听到鼓励，得到表扬。鼓励、表扬是使人奋发的原动力。当他们的行为得到肯定时，心中就会产生一种成就感，会自觉放大自己的优点，对自己也更有信心。而一个有信心的人，则会更积极主动地投入到学习和生活中去，努力让自己更优秀。作为班主任，就应该像伯乐欣赏千里马一样仔细、用心地去观察自己的每一个学生，寻找他们身上的"闪光点"，欣赏他们每一点滴的进步，并且抓住恰当的时机，让他们更多地得到老师的鼓励和表扬，从而增强他们的自信心，激励他们发展。在日常学习生活中，班主任要注意挖掘学生身上的闪光点：自觉地礼让同学、主动捡起地上的纸屑、排好凌乱的桌椅、认真完成校内执勤工作、上课认真听讲、测验中的微小进步、见到老师主动问好等都会在个别沟通或集体小结时予以肯定、表扬。学生更多地感受到老师对他的肯定，从而对自身的发展起到激励作用。而对于其他同学，也起到了激励、促进作用。

四、以真爱之心，滋润学生成长

"一切最好的教育方法，一切最好的教育艺术，都产生于教师对学生无比热爱的炽热心灵中。"的确，学生是不会向一个不关心他们自身成长的人敞开心扉的。班主任要想在教育上获得成功，就必须重视与学生进行情感交流，以自己真挚的爱，走进学生心灵。每个学生都渴望得到老师的爱，只有让学生处处感受到老师的关心与呵护，才能打开他们的心扉，才能使他们产生亲切感、信任感。作为一名班主任，应牢记"一切为了学生，为了一切学生，为了学生的一切"。对学生付出更多的爱，这是班主任工作的灵魂。孩子的内心是敏感的，即使是一些外表坚强的学生也会有内心脆弱的时候，一个小小的挫折可能会让他对自己的未来失去信心。这时的他们更需要老师的爱心去滋润，使他们健康成长。作为一名有责任心的班主任，要对自己学生的努力充满信心，关心爱护他们，对他们的态度要积极、诚恳、耐心、细致。眼看，耳听，心想，同时应根据具体情况，采取相应的措施，以自己的真心、细心、耐心、爱心走进学生的世界，去关注学生的情绪变化，发现他们身上的积极因素，哪怕是一点一滴处于萌芽状态的都要去创造条件，进行扶植，正确引导、点拨，使学生身上积极的方面逐渐增强、扩大，从而促使消极的方面逐渐减弱、缩小。

教育的爱，这不是为了达到某种教育目的而做出来的一种姿态；它是一种思想、一种情感、一种氛围，应该把它自然而然地贯穿于教育的每一个环

教育随笔 感恩有您

节，应该让它不声不响地体现在教育的每一个细节，更应该使它潜移默化地浸润每一个学生的心灵。

五、以团结协作，促进学生发展

作为一名班主任，不能孤立地进行班级德育工作，而应当同与学生有着直接接触的任课教师及学生家长进行团结协作，共同促进学生的全面发展。在日常教育教学中，班主任应随时与任课老师交流班级学生的情况，经常听取各任课老师对班级工作的意见和建议，并全力支持任课老师合理的教育教学工作，做学生与任课老师间的沟通桥梁，从而更加有效地进行班级德育工作。另外，学生在学校里的问题都会在家庭中折射出来，同时，学校教育过程中产生的一切困难的根源也都可以追溯到家庭。家庭教育不到位，不仅会抵消学校教育的效果，还会给孩子的发展造成一定的消极影响。班主任可以通过家访、电话、微信等多种方式经常和学生家长联系沟通，交流学生在家庭和在学校的情况，使家长及时了解自己孩子在学校的表现，帮助家长提高教育水平，认识到教育子女是家庭和全社会共同的责任，积极争取家长的配合和支持，形成良好的家庭德育氛围。并针对具体的学生情况与家长共同研究，商讨教育措施和方法。在对学生的教育过程中，只有学校教育与家庭教育紧密结合，发挥各自的特长，互补不足，形成育人合力，这样不仅能够使学生身上的积极因素得到促进，不良倾向得到及时纠正，还可以增进老师、学生和家长的相互理解，使班级德育工作更好地开展，从而促进学生健康、和谐、全面地发展。

"教育的终极目标不是知识的传递，而是人的培育。"在班级德育工作中，我们班主任需要全身心地投入，充分运用自己的智慧，优化班级德育工作，营造良好、温暖的班级氛围，了解学生，研究学生，洞悉他们的内心世界，把握他们在成长过程中的发展与变化，把自己的班主任工作建立在科学的基础之上，注重对学生正确的人生观、价值观的培养，使我们的学生具有符合中国特色社会主义建设要求的理想信念、公民素质和健全人格，成长为德智体美劳全面发展的合格的社会主义事业接班人。

共智汇——上海市班主任带头人吴晓云工作室建设「实」录

· 188 ·

参考文献：

［1］教基〔2006〕13号.教育部关于进一步加强中小学班主任工作的意见
　　　〔Z〕.2006-06-04.

［2］李镇西.做最好的班主任〔M〕.桂林：漓江出版社，2008.

教育随笔　感恩有您

从"总管"到"顾问"

——班级自主管理模式下班主任的角色转变

上海市时代中学　李欣航

一、班主任角色转变的必要性

在传统的班级管理中，班主任是班级的"绝对法人"，全程参与班级大小事务，并拥有绝对的决策权。班主任是班级管理的"总管"，常和学生斗智斗勇，竭力管住学生。当下，创新转型是解决教育自身存在问题的需要。教师需要转变学生观：从只把学生当作知识容器和考试工具的"分奴"回归到人，回归到"生命体"，回归到"教育主体"。《中小学德育工作指南》指出：制定班级民主管理制度，形成学生自我教育、民主管理的班级管理模式。班级自主管理模式更适应这一要求。在班级自主管理模式下，班主任要从"总管"到"顾问"，主动实现班级管理角色的转变。班主任需要用研究的心态来面对充满活力和变化的班级生活，在班级管理实践中积累智慧，走向专业化。

二、班主任角色转变的具体途径

我校是一所寄宿制初中，培养寄宿学生的自主管理能力，班主任绝非"甩手掌柜"。恰恰相反，班主任要用自己的人格魅力和工作智慧引导学生做到"愉悦地接受老师的教育，提高执行力"。学生对于老师教育的接受程度高、执行力强是寄宿初中班级自主管理班主任角色转变的基础。

三、从亲力亲为到放权给学生

班主任如果事事参与并决策，很可能导致学生对班级事务的懈怠。在寄宿制条件下，学生从周一至周五住校，为了避免学生生活单调，我们学校设计了丰富的活动，试图让每一位学生找到属于自己的舞台。作为班主任，我会利用学校丰富的活动资源，让学生充分参与，充分发挥学生的主体作用。比如，学校的英语周活动，其中包含英语歌曲展演。我首先给学生一周左右的时间去选择歌曲，自由组队，然后班级海选，让每一位同学参与其中，尽情发挥。对于低年级寄宿生，这样做可能与以班主任为主导选定表演组合相比"费时"，还可能"事倍功半"。学校的各项活动大多涉及各级评比，牵涉班级之间的竞争，有些班主任就"忍不住指导"学生活动，并起主导作用，用自己的意志代替学生的想法。可能比赛结果比以学生为主体的好，却是以牺牲学生的体验和感悟为代价。从长远来看，这种模式很难帮助学生提升能力。而长此以往，班主任必然也会叫苦不迭，抱怨学校活动太多，学生能力太差。

四、从事无巨细地参与到重点指导

《中小学德育工作指南》指出，要鼓励学生自主设计班名、班训、班歌、班徽、班级口号等，增强班级凝聚力。在把管理班级的自主权还给学生的过程中，班主任要从事无巨细地参与转变为重点方面的指导。学生有了管理班级的自主权，他们的管理潜能可以被更充分地挖掘，管理能力也会在实践中逐步提升。班主任要尊重学生自身拥有的精神生命尊严。比如，在制定班规的时候，我首先让全体学生明确班规对于我们班级发展的重要性和作用，并告知班规要包含的内容和要注意的方面。然后在班干部的组织下，全体学生共同参与班规的制定。同学们积极投入班规的制定，不断探讨磨合，主人翁意识很强。最后制定了《"求真"公约》。从教室到宿舍，从课上到课下，从活动到卫生等方面都有很明确的规定。比如，关于寝室卫生：每天由寝室长和其他一名同学检查学生内务，实行积分制。当周评为最佳宿舍的学生每人加3分。

教育随笔 感恩有您

五、从教师"奖惩"到学生"试误"

美国学者丹尼尔·平克指出：在这个驱动力3.0时代，旧有的奖励惩罚式的激发人们积极性的方式已经不再有效，我们必须把我们的驱动力系统升级到3.0时代，这个新系统的核心不是胡萝卜加大棒，而是自主、专精和目的。他还指出：奖励只能带来短期的爆发，但其效果会逐渐消失。更糟糕的是它降低了人们继续这项工程所需的长期积极性。在传统的班级管理中，班主任和有关部门会对学生进行奖惩。这种模式是上励下受、单向而行的模式。学生只能被动接受，因而积极性不高。此外，受激励对象比较少，激励效果也因生而异，也会导致生生之间的不合作和敌意。在埃里克森看来，初中阶段孩子的主要心理发展任务是建立新的同一感或自己在别人眼中的形象，以及他（她）在社会集体中所占的情感位置。班级集体是学生个体社会化的通道。班级生活要提供给学生试误的土壤，让学生在班集体和管理团队中自由试误，从而发现自己的优势、劣势，并学会欣赏他人的优点。

我们班级每位同学都有一天是班级的主管，也就是担任当天的值日班长。值日班长不仅仅是记录当天班级的情况，更要以积极、主动的姿态参与班级当天的管理，并反思自己工作上做得好及需要改进的地方。每一位同学在班级生活中都有自己适合的岗位，岗位职责有大有小，有的岗位是在教学区，有的岗位是在宿舍区。"值日班长"制和"岗位制"给每一位学生提供了锻炼的机会，他们能体验到不同班级管理角色。在班级公共生活中，鼓励学生大胆试误，激发自我潜能，获取成功体验。学生班级工作的目标就是自我实现，参与管理工作本身就是一种奖励。同学们"精专"于自己的岗位，会努力把工作做得越来越好，驱动力系统升级到3.0会促使他们不断成长。

六、班主任角色转变应该处理好几个问题

1."放权"不"放纵"

实行班级自主管理，班主任需要"放权"，让班级每个成员参与到班级事务的讨论、决策、处理和评价中来。必须明确的是"放"是以"收"为基础的。"放权"≠"放纵"。班主任要通过深入细致的观察和工作，做到"和而不同"，将班级成员的不同意志、想法聚集成一个共同的目标，

形成班级共同的意志，并通过班级目标的确立、班级计划的制定和落实体现出来。

2.“包容”不“包庇”

班级自主管理做得到位，会让班主任不被繁杂的班务羁绊，但要随时去洞察班级的细微变化，要包容学生管理中的失误、不足和挫折。更要负责、积极地去引导学生客观地评价自己，修正不足，使班级管理张弛有度，不断增强班级凝聚力。

3.“洞察”不“失察”

在“班级自主管理模式”下，班主任要有敏锐的洞察能力。班主任要多观察、多思考，少指示、少干涉。也就是要多观察学生、班级的日常，多思考班级的问题，多引导学生的思想动态；少以自己的意志去指导班级活动和干涉班级具体事务。班主任不做班级生活的失察者。把成长的机会真正还给学生，让学生在班级生活中充分体验，在体验中感悟，在感悟中成长。

教育本质上是一种价值性活动，班级是培育合格公民的土壤。班主任不应该再充当班级管理的“总管”，要转型成为“顾问”。班主任工作艰辛、责任重大，希望我们通过选择有所为有所不为来做好学生健康成长的引领者和人生导师。

参考文献：

［1］［美］丹尼尔·平克.驱动力［M］.尹碧天，译.北京：中国人民大学出版社，2012.

［2］张鲁川，金琪.建设现代型班级［M］.南京：江苏科学技术出版社，2014.

［3］上海市中小学幼儿教师奖励基金会编.拨动学生心弦的艺术：上海市中小学生个别化教育个案报告集锦［M］.上海：上海教育出版社，2014.

教育随笔 感恩有您

"软硬"兼施，创建班级精神

上海市彭浦初级中学　陈　敏

班级管理是学校管理的基础，也是促进学生身心健康发展的根本保证。班主任作为班级的主要管理者和引导者，需要从多个方面对学生进行相应的引导和教育。首当其冲的责任是抓好班级管理，让学生养成良好的行为习惯，培养学生正确的三观。实现初中班级自主管理对于提升班级凝聚力及增加学生对于班集体的认同感起着至关重要的作用。在此基础上，再构建系统的、有特色的班级文化，以此来熏陶引领、规范激励学生，修其身、养其性、培其趣、导其行、美其心、立其德。

陶行知曾说，"教是为了不教"，魏书生认为"管是为了不管"。因此，班主任在进行班级管理时，要充分发挥学生在教育管理中的主体作用，切实做到"管放结合"。以下是班主任工作中可以实现学生自我管理的一些策略。

一、营造良好"硬"环境

班级作为一个庞大的集体和家庭，不仅影响学生的学习能力，还影响学生的生活。学生更喜欢在一个文明、和谐的环境中学习、生活。在实际工作中，班主任应尽力为学生提供一个舒适的学习环境，即教室的物质条件。教室的格局虽然千篇一律，但是不同的班级需要有自己的特色布置，包括用具摆放、座位安排、美观布置等，达到动态与静态并重、内涵和美化兼备的效果。

我们班每个学期的布置主题都根据自己的班级特征而定。六年级的主题是热爱新集体，七年级的主题是感谢师恩。因此六年级的布置以学生和老师们的生活照为主要元素，后期加入了很多班集体照，并介绍他们的新目标和期待；七年级主要采用的是老师对班级同学的赠言，让学生有代入感，引导他们更好地前进。在布置教室的过程中，班主任也应该积极参加，而不是只做一个宏观调控者，不仅要在力所能及的事上进行帮助，更要提出合理可操作的建议，及时发现问题并协助解决。布置教室这一过程，也是加强班级同学团队合作力的一次良好契机，班主任应该多加观察，发现不同学生的闪光点并予以表扬，使大家更有干劲和奉献精神。

班级环境是班级中所有成员的共同心理物质或心理倾向，它是借助团体凝聚的力量，通过成员间交互作用而产生的一种独特的班级氛围。它会形成一股无形的力量，潜移默化地塑造学生的态度与价值观，影响他们的学习活动。

二、创建特色"软"文化，从"面子"走向"里子"

班级文化教育不仅仅是知识资源的传递，更是一种素养、内涵的提升。班级文化对学生人格的形成、思想境界的拓展、文化修养的提升都起着至关重要的潜移默化作用。

1. 把结束变为开始

班级环境的布置结束也应该成为另一种班级文化的开始。比如，我班在布置教室时选择灯带作为墙壁装饰物，但是同学们都舍不得开，害怕电池用完。于是我主动带了一些电池给他们作为备用，结果有越来越多的同学带了电池。虽然电池不愁不够用，但是学生发现白天一直开着也有一点浪费。于是他们建议，每当全班同学得到任何集体表扬时，就打开灯带，我们称之为"亮灯仪式"。为了一天的亮灯，全班同学都会很努力地得到表扬，就是一种"温馨教室"的延续。

2. 设立班级"手账本"

根据班中学生的兴趣，我无意中发现大部分同学都有记手账的习惯和爱好，于是我们创建了一本班级手账本。每个同学按照座位顺序记录每天班中发生的事，小到为班级领了粉笔，大到为集体争得了荣誉，只要是本班的事都可以记录，但如果班中发生的这件事尚有可改进之处，便要写一写下次如何做才能避免事情的发生。这样的手账本不断传阅，不仅能达到宣传好人好事的效果，更可以引起同学们自己的日常反思，培养他们更强的观察力、思考能力和自我管理能力。

三、积极参与各种形式的活动

班级文化建设离不开丰富的活动，班集体是在班级成员参加共同活动中逐步形成的。班集体的奋斗目标是通过一个又一个班级活动得以实现的，每顺利地完成一个活动，就是向目标前进了一步。班集体的组织机构及其功能是在班级活动中发挥作用的，在活动的组织实施过程中，通过加强分工协作，使班干部得到充分的锻炼，全班成员的参与积极性被调动起来。

多种形式的团体活动可以培养学生的自我管理能力，同时也是学生相互磨合、团结协作的过程，在优化增加的过程中，学生约束自己的同时，就是在提高自我管理能力。但如果是个别参加竞赛的同学在参加比赛时，本班其他同学也不应该只做旁观者，更要出自己的一份力。学校曾举办过校园歌手大赛，有3名女生报名，她们上台演唱时，有一个环节是在副歌部分在舞台上挥舞荧光棒，其他同学在我的授意下给了她们一个惊喜，集体拿出了更多的荧光棒和她们一起舞动。不仅给台上的同学鼓舞了士气，也在年级内引起了轰动，同学们都因为是这个集体的一分子而感到自豪。

四、坚持规范化管理评分制度

"国有国法，家有家规"，班级也有不同的制度。班级文化建设离不开制度的支撑。所谓"无规矩不成方圆"。建班伊始，班主任们都会出台诸多制度。班主任可采取个人评分或是小组评分。个人评分更加凸显孩子们的不同个性，鼓励他们拥有独立自主的能力；小组评分更加注重班级的整体合作意识，加强生生互助。我认为群策群力、共谋发展更符合本班的学情，因此我们班采取的是小组评分制。每个组选出一名有大局意识的同学为组长，与组员共同商议后制定本组特有的奖励和惩罚措施。在组员无异议的条件下，签字通过。首先在组内形成积极向上的风气，形成正确、健全的舆论，才能让整个班集体充满生机和活力。充分发挥学生自治的作用，组内成员犯了错误不但要进行自我反思，更有其他同学帮助他分析问题、改掉缺点，针对他的个人情况，制定帮扶措施。

我们班内有一个男孩子学习不自觉，因为学业在组内被扣了很多分。小组组员的规定是每天扣分超过2分就要罚跑圈，一分一圈。有一天放学很晚了，他好不容易把欠下的各项重默和订正完成，想要回家时，没想到组员还在教室门口等他，说要监督他跑圈。男孩子比较懒，也喜欢拖延，所以一直想逃跑，但是组员们对这件事非常认真，坚持要今日事今日毕，所以男孩子不得不跑完了才回家。不仅在这些事上孩子们一直在鼓励他提醒他，在学习上也对他有很大帮助。他们会自发地建立微信群，把自己做的笔记发给他核对，主动帮他抽背。因此那个男孩子虽然还是班中相对较弱的，但比起之前的他真的已经进步了很多，这和他们的小组机制是分不开的。

德国哲学家雅思贝尔斯说："教育就是一棵树摇动另一棵树，一朵云推动另一朵云，一个灵魂召唤另一个灵魂。"当我们摇动了组长这棵"树"，再让他推动其他的"云朵"，这是最理想的愿景。

我们班级每日总结时，会统计各小组积分，以周为单位，评出最佳小组，可以获得王者福利。以评分细则为准，加之福利与惩罚的驱动，学生们每周都能重新开始努力，为目标而奋斗，不气馁不放弃，这也是班级精神的一种体现。

因此，班级管理工作，是学校教育十分重要的工作内容，其本身带有一定的复杂性和艰巨性。班主任在开展班级管理工作的过程中，应该注重对学生的思想品德教育、心理健康教育，引导学生形成对事物的正确认知，促进学生身心健康，全面发展个人综合素养。同时，在管理班级时，必须发挥班集体中每个学生的自主能动性，以每一个学生为主体，秉持"以人为本"的教育教学和管理理念，依靠健全完善的班级制度，实现班集体的科学化管理，通过具体的实践，不断调整和更新自主管理的方法和模式，使初中班级自主管理不断完善和发展，实现师生之间的良性互动。这样不仅能促进学生个人综合素养的形成，发展他们的能力和个性；同时也实现了班级整体的凝聚力培养、文化建设等，达到无为而治的效果。

心沟通　新成长

上海市回民中学　徐洁岚

每个孩子在成长过程中，都离不开家庭的呵护和学校的培养，离不开社会的支持。在这个漫长的过程中，班主任不仅是一位陪伴者，更是一名引路人。面对新时代的人才需求，班主任既要精耕细作，做好当下阶段的教育，还要深谋远虑，为学生未来的发展做好充分的指导。

一、点滴成长捧手心

1. 关爱学生全面成长

新时代需要全面发展的学生。班主任在班级活动指导中要重视审美教育和劳动教育。

首先是美育。当代学生成长在一个物质条件丰富的时代，大多数学生对物质条件没有很大的追求。那么我们该如何引导他们树立理想呢？爱美之心，人皆有之。"只要符合审美属性的东西，都对人格的修复、人性的养成有积极的促进作用。"我们可以引导学生用欣赏的眼光去发现世界中的美好，并为这些美好的未来而努力奋斗。我们可以通过班级活动为学生搭建平台，如"班级学子讲坛"。在活动中，学生互相交流自己探寻的世界一角，共同分享这份愉悦之感。

其次是劳动教育。衣食无忧的生活间接地造成了当代学生劳动习惯的缺失，使他们成为享乐的一代。他们急需知道：劳动产生价值。只有通过劳动，他们才能创造属于自己的幸福。要想改变这一现状，就要改变学生的日常行为。在学校生活中，我们要更重视教室卫生的打扫，每天的工作细分为条目，每个条目落实到具体负责人。让学生从劳动中学会遵守规则，学会承担责任。同时，还要倡导家长在家庭生活中让学生承担一定的家务劳动，让学生真正成为家庭的一员。以劳树德，学生的品格建设一定离不开他的日常行为。

德、智、体、美、劳缺一不可，后两者更需要我们捧在手心多加关注。

2. 尊重学生个性特点

每个学生都有自己独特的个性、能力、特点等。我们要因材施教，让学生充分发展自己的潜能，使其成为自己的优势。

首先，要充分了解班级学生的个性特征。我们可以通过家访、日常观察等方式进行了解，然后根据学生的个性特征，开展有针对性的个别教育。

其次，要引导学生客观地认识自己的个性特征。个性没有好坏之分，但是每一种个性都有其优劣两方面。通过班级活动，让学生一起讨论不同个性的优势与劣势，学生就能够在活动中反思自己的行为，提高自我评价能力。

此外，还要把问题学生捧在手心。都说问题学生的背后会有一个存在问题的原生家庭。由原生家庭产生的各类问题会让学生的世界观、价值观、人生观发生偏差。他们的行为彰显了独树一帜的个性。作为班主任，先要了解学生个性的形成过程。每个学生的个性都是根据其已有的人生经验形成的。要想深入了解学生的个性，就要先了解学生的人生经历，分析这些经历的形成原因并进行梳理。在了解真实原因后，重新深入理解问题学生的三观，进而从根本上对问题学生进行引导和教育。

二、真心赞扬上眉心

1. 促进和谐师生关系

作为教育者，我们总希望学生能够按照我们的要求去做事，常常会因为学生没有完成而加以责备。但是换个角度，我们更应该带着欣赏的眼光来看待学生，把赞扬之声挂在嘴边，把赞扬之容显在脸上。

首先，成为学生的"共同遭遇者"。教师是学生的"同学"，与学生共同经历着学习与生活。在这个基础上，我们就能比较容易地看到学生学习中的闪光点。

其次，成为学生的倾听者。赞扬能拉近教师与学生的距离，增添彼此的信任。在这个基础上，学生就愿意向班主任吐露心声。尤其是当学生遇到问题且问题与家长有关时，如果班主任能成为孩子倾诉的对象，那么问题就多了一些解决的希望。

再者，创建心神安宁的环境。用欣赏的眼光看待学生，用风和日丽的赞扬加强对学生的正面教育，教室就能形成让人心神安宁的大环境。在如此环境中，师生关系自然更和谐了。

师生之间多一些彼此信任，教师少一些威仪，多一些倾听，这样也许能促进师生关系向伙伴关系发展。

2. 建立合作伙伴关系

人与人之间的主要关系是合作。良好的合作伙伴关系离不开彼此的欣赏。"只有当一个少年在别人身上看到了自己的精神美的一部分的时候，他才是真正地开始了自我教育。"良好的伙伴关系就是一种潜在的教育。在班级中，我们可以指导学生开展合作学习小组活动。

首先，可以按照就近原则，根据座位进行分组。这些日常小组可以负责班级的日常工作。

其次，可以按照选科进行分组，选科一致或相似的同学为一组。在小组内，可以共同探讨选学的学科问题，主动形成学习圈。

再者，可以按照兴趣进行分组，兴趣爱好一致的同学为一组。在此基础上，班级工作或活动可以志趣进行分工负责。比如，绘画组可以协助宣传委员出板报，歌舞组可以协助文艺委员编排节目等。

此外，可以按照异质进行分组，即根据学生的学习能力、知识储备、性别等差异因素进行分组，使组员搭配尽可能多元化。组员可以在小组内尽可能多地听到不同的讨论观点。

在小组活动中，彼此的真心赞扬可以增强学生之间的凝聚力。在每个小团队中，学生获得了归属感。透过学习过程的合作和交流，学生不仅能掌握各科学习过程的全貌，以避免见树不见林，更可以培养综观全局的思考能力，看清楚问题的本质，有助于清楚了解因果关系。

三、个性引领用暖心

1. 开展生涯教育指导

高考，不仅仅是一个考分，它还意味着大学专业和未来的职业发展方向。因此，在高中阶段，班主任用自己的暖心引领学生的个性发展，给学生选学择业提供指导。

首先，学生要认识自己。拥有一个美好梦想的前提是对自己有充分的了解。学生要知道自己的兴趣、能力。我们可以通过霍兰德兴趣测试让学生客观地了解自己。还可以创设一些分工活动，让学生在实际活动中主观地认识自己的兴趣与能力。

其次，学生要了解社会。学生要了解职业对人才的需求，梳理高中选科与大学专业、工作职业之间的关系。我们可以充分发挥校友和家长资源，让他们以自己的亲身经历与学生分享生涯规划的意义。

再者，学生要学会选择。每一次成长的转折点都来自一次选择。我们要给学生提供自我选择的机会，让他们在选择的过程中学会对自己负责，对未来负责。

在生涯教育中，我们要注重个性化引领。在师生单独沟通的过程中，我们可以引导学生学会客观地评价自己，综合各方面的资料，制定出自己专属的生涯规划。从而让学生能够把握未来，让每一个学生都能成为更好的自己。

2. 开展家庭教育指导

班主任具有专业知识，家长具有育儿经验。虽然家家都有本难念的经，但是班主任可以用自己的一颗暖心与家长合力共育。

首先，合力改善学生的日常习惯。家庭教育是学校教育的诞生地。要想改变一个习惯，就需要常常去做。家长与老师的合力，能帮助孩子养成良好的日常习惯。

其次，合力提升学生的综合能力。学生的能力不只是考试卷上的分数，更在于生活中的技能。班主任要结合学生的个性特征与家庭的实际特点，指导家长进行一定的家庭教育。比如，树立正确的消费观、学习理财，等等。这些能力都是学生今后的生活能力。

教育随笔　感恩有您

再者，要让家长理解：最好的家庭教育就是让孩子成为他自己。望子成龙、望女成凤是多少家庭的愿望。然而，家长却忽视了学生自己的想法。我们要指导家长学会倾听孩子的话语，明白孩子的真实想法。要站在孩子的角度考虑问题，并给出建议。

点滴成长捧手心，真心赞扬上眉心，个性引领用暖心。班主任的工作就是用心与学生沟通，与家长交流。在陪伴孩子成长的过程中，班主任也在成长。这就是心沟通，新成长。

参考文献：

[1] 檀传宝.美学是未来的教育学：德育世界的探寻 [M].上海：华东师范大学出版社，2015.

[2] [苏] 苏霍姆林斯基.给教师的建议 [M].杜殿奎，编译.北京：教育科学出版社，1984.

严爱并举　智教慧育

——浅谈做个智慧型的班主任

上海市崇明中学　蒋飞斐

班主任是学校中全面负责一个班学生的思想、学习、健康和生活等工作的教师，是一个班的组织者、领导者和教育者，也是一个班全体任课教师教学、教育工作的协调者。班主任是班级工作的直接管理者、直接责任人，是做好班级管理的关键、核心，是学校思想道德建设的主力军，是学生个性发展的榜样和领路人。但是我们常常听到这样的感叹："费尽心思去爱一群人，结果只感动了自己！""教师爱学生，谁来爱教师？""班主任的角色：警察、保姆、医生、会计、包工头……"对于管理学生也产生了一些思考：人还是机器？管控还是引领？疏远还是陪伴？强行灌输还是体验创造？智慧地去应对班级出现的问题，和善而坚定地做智慧型的班主任，过幸福完整的教育生活，是每个班主任老师所向往和憧憬的。结合实际工作及各类培训以下浅谈几点。

一、会发现与借鉴

发现智慧，可以发现本来就存在但还没有被认知的东西。真正的思考，必定需要耗费脑力，然而当你突然豁然开朗，那种"柳暗花明又一村"的感觉真是美好，获得智慧的快感是无与伦比的美丽。然而在工作之中，我们往往懒于思考，懒于付出我们的精力去留心观察，更习惯于听别人怎么说，我们对所处的环境、教育对象的个性特征以及他所处的教育背景，甚至包括我们教育者所拥有的教育素材及心态的熟视无睹和习以为常，拿来主义十分流行。有些光，或许微小，无法照亮他人，但也照亮了自己，如果你能够在班级里发现这些微小之光那将让你管理班级无往而不利。还有发现的前提是尊重和爱，唯有尊重才会去耐心发现，唯有爱才能包容一切，从而发现闪光之处。

下面谈一下我的学生观：一是学生是人，特别是高中生，个体都是需要尊重的，对话都应是平等的。二是学生是未完成的人，是容许犯错误的，但要及时地指正引导，对学生的发展更应抱着积极向上的期待态度。三是学生是完整的人，除了物质生活他还需要丰富的精神文化生活，有助于人格的健全。每个班级里都会有一些所谓的"怪生、坏生"，智慧型班主任就应该去发现他们身上"不怪""不坏"的地方，要知道没有学生是不渴望被关注的！我们的出发点就是学生的成长，作为班主任就要有"静下心来教书，潜下心来育人"这种教育自己的情怀。

会借鉴他人思想和行为，就能开阔决策的视野。一个人的智慧是有限的。班主任应该不断地提升道德修养，努力学习、借鉴古今中外圣贤哲儒的教育理念和思想，内化为自身的教育素质，做一位学生信服的德师、能师、慧师。孟子云："善政不如善教之得民也。善政，民畏之；善教，民爱之。善政得民财，善教得民心。"故班主任善于管理不如善于教育得学生也。善于管理，学生畏之；善于教育，学生爱之。善于管理得学生驯服，善于教育得学生之心灵。

二、会沟通与奖惩

班主任与学生、家长、科任老师想要有好的沟通，就需要先耐心倾听，听他说然后替他想，尽量多地去换位思考，多方位地寻求解决问题的思路。好的沟通还需要共情能力，通俗地讲，共情就是把我当作你，也就是我们常说的将心比心，感同身受。共情是设身处地地站在对方的角度去思考和体会对方的内心世界，理解和认同对方的内心感受，能促进人际情感联系。

智慧的班主任会用好奖惩制度，来智慧化地管理班级。什么是好的奖励方式？它必须是有人情味的、个性化的、"是我专属"、重视精神奖励。也可以是可看、可见、可感知、可珍藏的。奖励的愉悦，不要一次用完，可以细水长流，还有就是必须有人得不到，这样才能让学生跃跃欲试保持期待。

教育需要惩罚吗？答案肯定是需要的。教育决不能完全以学生的兴趣为基础，责任感的培养往往与学生的兴趣相抵触。行使惩罚，就是培养学生的责任感，就是要告诉学生要对自己的行为负责，指导学生什么可以做，什么不可以做。惩罚是教师不可推脱的责任和义务。马卡连柯说："只有集体利益真正被破坏，并且破坏者无视集体的要求，公然而且有意地进行这种破坏的时候，才应当使用惩罚。"

惩罚的条件：①集体利益受到破坏。②破坏行为必须是故意的。③在集体中，大多数人赞成惩罚。④被惩罚者必须理解。被惩罚者应正确认识到为什么惩罚他，并且理解惩罚的"意义"时才能对其进行惩罚。如果不让被惩罚者了解惩罚他的原因和意义就进行惩罚，是不具有教育意义的无益举动。

惩罚的方式应该"因人而罚"，在惩罚问题上不能开通用药方。要公正，要照顾到学生的个性特点。例如，对学生的小集体犯错误，我们的惩罚应该是针对领头者或者组织者。切忌惩罚全体，那样会使他们更加团结起来对抗教师。

一般采用的惩罚：剥夺一些权利、等价偿还、脑力体力、冷处理、告知，情节严重的报政教处，给予纪律处分。

应该禁止的惩罚：讽刺贬损、打骂、侮辱性惩罚、公布隐私、孤立犯错者、不平等惩罚、无关联惩罚、学生"连坐"、家长"连坐"。

三、会坚持与阅读

坚持就是一种积淀，只有长期不断的积淀，才能达到量变；达到一定的量变才能产生质变。当我们羡慕别人取得的成就、成功、成绩时，我们常常忽视了别人日积月累付出的艰辛。

教育时效性的获得，不仅仅在于教师对方法的选择，更在于他是否能够做到坚持。有人说，教育是等待的艺术，反思很多教师最大的不足就是太急于求成，最不能容忍学生反复犯错，如果一个学生不能及时改正错误，就会非常生气而且发火。其实这样做不仅效果不好，还容易引起师生关系紧张。应该给学生和自己一个值得期待的出路。

有的老师9年来给学生回复的"悄悄话"总计超过360万字，相当于10部长篇小说；有的老师长期坚持早晨组织学生在学校操场上跑步锻炼身体

教育随笔 感恩有您

15—20分钟；有的老师坚持每天在大课间找两个学生谈心。坚持的内容可以不同，但共性是一直做下去。

一个人终极的化妆品，就是他读过的书、想过的问题和经历过的人生。智慧型的班主任一定要明确自己的阅读方向，如专业化书籍可以增加学术威信，教育理论类书籍可以加强理论基础，文学艺术类书籍可以增加人文素养，时事政治类期刊可以增加思维厚度。

四、会创新与反思

创新就是要打破常规，发挥出自身的专业优势、性格优势、经历优势等。把有意义的事情变得情景化、故事化、可视化、娱乐化、活动化，打破原有的惯例，把你的需要变为学生的需要。

人生需要经常反思自己的过去。常回头看看，是一种生活的智慧。回头，有我们的出发点，有我们的前车之鉴，有我们成功的欢愉，班主任工作亦是如此。我们反思的目的可以包括三个层面：改进、物化、提升。首先，要在反思中改进，在反思中优化成功的经验。例如，班级每次考试，班主任都会第一时间去分析学情，然后进行学法指导、励志教育、分层指导，等等。而班级在校运会获得了第一名，你会去反思一下吗？还是会一笑而过？会去发现一下背后的价值与精神，或者是暗藏着的凝聚力，抑或是班级里存在着某个隐形的领军人物。一位聪明的班主任不会一味地拘泥于学习成绩，他会在班级各方面进行反思，这样才能更好地去掌控整个班级。其次，就是要在反思中物化，通过反思可以提炼出自己的特色及研修成果，可以是叙述式的，也可以是总结式或者探索式的。一年年地做班主任一年年地积累，数年以后你必将经验丰富、硕果累累。最后，我们要在反思中提升，在自省中发展，自我提升自己的教育境界、教育情怀、教育能力，在各种学习中补充自身所欠缺的各类知识、经验。

班主任只有设身处地地为学生着想，才能感受、理解学生的所作所为，才能尊重学生的需求，从而明白、解决学生的事情。一名智慧型的班主任教育学生的最高境界，是让学生自己教育自己。给学生创设自己教育自己的机会，让学生成为对人生充满希望和理想的人。他的主要工作和精力应该放在为学生创设自己教育自己的活动和情境上。当学生自己教育自己的时候，我们对学生的教育才发挥了作用，我们对学生的教育才是真正的教育。

参考文献：

［1］张爱华主编.班主任工作艺术［M］.石家庄：河北教育出版社，2000.

［2］王晓春.做一个专业的班主任［M］.上海：华东师范大学出版社，2008.

［3］李镇西.做最好的老师［M］.南京：译林出版社，2013.

教育随笔 感恩有您

家班共育

——

智慧众筹

远隔千里，心在一起

上海市共康中学　吴晓云

在我国，有一种任务特殊、生源特殊、学制特殊的办学模式——内地西藏班。1984年，中央决定在内地发达省市开办西藏班。利用内地的办学条件和师资优势，帮助西藏培养一批维护祖国统一、民族团结的建设骨干，促进西藏的改革开放、经济繁荣和事业发展。

我所在的上海市共康中学就是一所以藏族学生为主的寄宿制初中。尽管学校设施设备一流，尽管我们秉承怀父母之心做教师、以朋友之心做学伴的陪伴教育理念，24小时365天陪伴着学生，守护着学生成长，然而，再好的学校、再好的老师也无法替代家长的教育地位和作用。西藏学生家长远在千里之外的雪域高原，如何把他们引导为立德树人的有生力量？

一、信任——家班共育的基础

有人说，在教育孩子这条路上，老师和家长的相遇，是一场爱心与信任的邂逅。如果老师和家长对孩子的爱找到了焦点，那么信任就会穿越时空，跨越距离，凝聚成一股强大的力量，推动孩子快速健康地成长。

在我看来，这爱的焦点就是关注孩子的身心健康，着眼于孩子的终身发展。

听其言，信其道。新生入学的第一次家长会，向家长详细介绍自己的建班育人理念和风格、班级发展目标、班级文化建设及学生个体成长规划，特别强调住宿制学校中班集体对学生个体的强大影响力。

把"经营团结、自律、温馨的班集体，让每个孩子在互助、友爱的环境中坚强、自信、幸福地成长"作为家班共育的努力方向。

观其行，信其情。有了共同的目标，我们建立了班级微信群，打造即时、可视、高效、共通的家班联系平台。在创建班级家长微信群初期，我每天发布孩子吃饭、出操、自习课等在校活动的照片，引导家长密切关注微信群动态，很快，查看班级微信群已经成为班级家长们掏出手机的最强动力。借力网络平台，传达了班集体建设的"班情"、学生成长的"学情"，传递了老师对学生的"关爱之情"。老师的言行赢得了家长的信任，激发了家长参与班集体建设的热情。

班级成立了家委会。家委会凝聚全体家长成为良好班集体建设的智囊团，利用微信群，群策群力，为班级事务出谋划策，成为班主任的坚强后盾。

比如，家委会组织购买班服。一天孩子们说，为了凸显班级特色，我们要有自己的班服。于是班级生活部和家委会通过电话、微信讨论商定购买班服。家长在网上选款，然后提供几款给学生选择，最后确定一款，再由生活部学生统计尺寸，家长网购。为了便于发放，家长们按尺寸分批寄到学校。家长想得多周到啊！

再比如，家班合作解决了手机管理问题。网上流行一句话"想害一个孩子，给他一部手机就够了"。住宿制学生私藏手机的现象时有发生。有的家长认为留一部手机给孩子方便联系，所以有时也会帮孩子私藏。手机问题不能强制管控，也不能放任自流，要引导学生合理使用。因为建班之初，我跟家长建立了良好的信任关系，所以在很多问题上很容易达成共识。班级制定手机使用公约：每周发放手机半小时，先跟家长联系，再自由使用。在规定的时间收发，不得提前，也不得拖延，更不能私藏。在家长的大力支持配合下，手机使用公约一直守到现在，手机的定时收发还培养了学生的契约精神。

远隔千里，有了信任，家长和老师的心连在一起。

二、书信——亲子沟通的桥梁

我还利用手机，策划了"两地书、亲子情"的"鸿雁"传情活动。学生每天晚自习时间用5分钟写日记，向家长倾诉一天中的喜怒哀乐，记录成长的足迹；家长每天下班后10分钟写日记，向孩子表达思念之情，鼓励孩子进步，培养孩子感恩意识。每周日发手机给学生，亲子间通过手机照片传信、读信。日积月累，无论对于孩子还是家长都是无比珍贵的记忆。家长通过书信了解到孩子的生活情况、体察到孩子的心理和情绪，跟老师主动电话、微信沟通的频率提高了。

远隔千里，鸿雁传书，家长和孩子的心连在一起。

三、家访——传递大爱的旅途

受条件所限，不是每个学生的家长都有条件走出高原来内地看望孩子。内地西藏班的学生在初一年级的暑期由老师护送，集体返乡过暑假。每当这个时候，我都将长途跋涉于青藏高原，到居住在西藏偏远地区的学生家中进行家访。我把孩子在内地的学习生活情况、把社会各界对藏族孩子的关心和大爱通过我的家访传递给家长们。这些家长多数是不会讲汉语的，孩子坐在旁边做翻译，交流中，他们都流露出感恩国家、感恩社会的情感，谈话间，他们不停地叮嘱和教育着孩子要好好学习、好好做人，将来回报社会。

四、活动——民族交融的载体

"上海也有我的家"是我校的品牌活动。我校的每个藏族学生都有一个上海结对家庭。我把班级学生结对的34个上海家庭召集起来，创建了上海家长群，组建了上海家委会。借助上海家长的资源，我们走进了上海复旦大学、上海交通大学等高等学府，引导学生做成长规划；我们走进巴斯德实验室体验DNA提取技术，感受科学的魅力；我们走进飞机制造厂、上海同步辐射光源，感受我国科技发展的速度，激励学生立志奋发学习。丰富多彩的社会实践活动，开阔了学生视野，感受上海大都市的科技发展，树立民族自信，增进藏汉学生间的交往和交流，促进藏汉文化和情感的交融，激发为西藏发展和民族团结而努力学习的雄心壮志。

远隔千里，借助活动，藏汉家长的心连在一起。

老师和家长如同一条船上的两支船桨，只有双方朝着同一个方向共同努力，才能让孩子们向着美好的方向驶去。通过家班共育，班集体荣获全国民族团结进步先进集体、上海市优秀少先队中队。在优秀的集体文化浸润下，学生综合能力、核心素养、学业成绩都得到了显著提升。旦增扎西竞选为学校大队主席、学校学生工作组组长；旦增罗珍竞选为学校大队副主席，评选为上海市少代会代表；拉巴卓玛、旦增贡吉分别获得上海优秀学生君远奖的一等奖和二等奖；永珍拉姆等4名学生连续两年荣获上海市青少年摄像比赛一等奖；旦增白姆等6名学生荣获上海市英语配音比赛二等奖和三等奖。家班共育硕果累累。

我们还要继续学习，努力创新，家班合力汇成一束光，照亮孩子未来的路。

家班共育　智慧众筹

绿与白的共智汇，爱与育的互成长

上海市延安实验初中　王　伟

素质教育的使命是帮助学生学会做人、学会做事、学会学习、学会共处。但现代学生家庭结构的变化，70后、80后父母教育理念的改变，让学生的个性化行为以及部分极端思维不断显现，这让班主任工作天天充满挑战，甚至"防不胜防"。而家庭教育是学校教育和社会教育的起点和基础，班级也是家长学习提高的摇篮。如何协调好家庭教育和学校教育，使两者形成合力而不是相互抵消，对每个家庭乃至整个社会都至关重要。家班沟通中存在的普遍问题是单向联系——通报，有时甚至导致家校间的误解，不成功的家校沟通必然无法进行有效共育，虽然目标相同但立场不同，不能在本质上进行深入合作。

一、家委会初成立

班级实践表明：若能有效发挥班级家委会参与教育、教学的影响力，将极大地促进家校合作的凝聚力，让家长们不再成为老师们的听众，而成为学校教育重要的合作者。目前家班沟通的主要工具包括微信、"晓黑板"等，其中，微信的即时性明显优于其他软件，当然，微信的弊端也很多，如家长群内会迅速发酵一些评论，造成沟通误解等，但若能借助微信上绿白对话框共智汇，传播正能量给全班家长，势必将极大地促进班级和谐发展。

新接班初始阶段我会采用如下方法组建班级家委会：

1. 班级家委会人员分工

（1）家委会主席负责参与研讨班级重大决策，协助班主任组织家委会活动等。

（2）家委会委员2名，负责分组带领其他家长研讨班级问题、参与班级活动等。

2. 人员选择步骤

（1）通过问卷调查，了解有意向为班级发展出力的家长们。

（2）通过家访或电话沟通，初步确定家委会候选名单。

（3）结合任课老师和年级组意见，确定家委会试用人选。

（4）征询大部分家长的意见，为新一届家委会发聘书。

二、家委会助力宣传班级成长

（1）每个班级都有非常特色的德育活动，如初三的"领巾换队徽""秋游""三校运动会"等，而在微信朋友圈和"晓黑板"那头焦急等待的家长非常期待看到孩子的形象出现在班主任的电子布告中。因此，我将文字、图片材料即时发送到家委会微信群中，请他们修改文字和挑选图片，并及时在每个德育活动的时间节点向全班家长展示学生们的表现和近况。在发布的集体照中，一定要确保每个学生有出镜，若由于生病或者其他原因没有参与合照，班主任应提前告知相应的家长。对于表现特别突出的学生，考虑用一些特写展示，树立榜样。当然，还要抓拍一些表现欠佳的行为，私聊发给相应的家长，给出家庭教育的建议，但告诉家长不要去训斥孩子，而应和孩子把前因后果理清，让孩子认识到错误。在整个活动结束前，家委会成员和班主任应仔细审核确保在朋友圈和"晓黑板"发送的文字中提及了全班学生在本活动中进步和值得赞扬的地方。

（2）把握好初三毕业班的班级布置尤为重要。调整班级环境不仅应根据学校政教处的统一安排，更需要班级家委会的共同参与，集思广益，这样有利于学生真正体验大家庭的味道。当然，更要尊重学生们的建议，如在班级内外墙展示亲子活动的照片，在班级图书角摆放一些家长推荐阅读的书籍等，抑或是家长参与设计各类中队会和主题班会等，都能激发学生更乐于在班级分享家庭故事的愿望，其乐融融。

三、家委会助力"破解"班级案例

家校共育中最容易激发矛盾的是突发事件，往往矛盾的起因是家长对学校的处理方案不满意，进而提出不合理甚至过分的要求，抑或是认为老师对孩子的评价不准确、关注不够等，"积怨已久"造成误解。无论哪类事件都需要班主任在接手班级的初期阶段和家委会一起根据班级实际情况多次研讨"破解"各类案例，随后通过家长会、微信群等分享案例，循序渐进地鼓励家长们对各类案例处理达成一致，有效助力学生安心宁神地继续学习。九年级初始，由于考试学科增多，学生们早上作业很难尽快交齐，甚至有同学早上抄袭作业。我将这个案例通过图片和文字简要分享到家委会微信群中，立刻得到了响应。集思广益，通过研讨，我最终采用了汤妈妈的方案：在讲台上分别贴好各学科文字标记，每天安排当天的值日班长管理讲台，一旦有学生进入班级，随即要求上交作业后再回座位。经检验，不仅学生的作业质量显著提高，任课教师几乎都能在早操前确认收齐作业；某天，我突然在图书馆附近一隐蔽的角落发现裴同学和（4）班的某女生较为亲密。同时，小明同学跑来告诉我："老师，你劝劝裴吧，他周末和女朋友打了30多个小时电话，太影响他们学习了。"经过一番调查和思考，我试探了小裴对"早恋"的看法，他似乎有些固执，不愿意这么放弃。于是，我又仔细编辑了文字，将小裴的案例分享给家委会微信群，一条条白色的消息框犹如及时雨给了我灵感。小杜妈妈说："王老师，这位女生的成绩挺不错的，而小裴的却不理想，你可以鼓励小裴努力奋斗争取和这位女生考进同一所高中。目前，你对小裴要求三点：① 校内外不得有过分亲密的肢体接触等；② 课余交流时间每周不超过8小时，不影响学习效率；③ 周末不得隐瞒家长和老师，逃补习班去'约会'。"我对小杜妈妈的方案又进行了补充，即将事件详细告知小裴的妈妈。小裴爸爸在外地工作，小裴对爸爸的感情不深，自然更愿意对从小陪伴他的妈妈吐露心声，但我和小裴妈妈约定好不当孩子面点穿此事，而是多关心他，潜移默化地让小裴感受到"早恋"可能会对双方造成的影响。我将此法应用于和小裴的第二次谈话，果然让小裴触动很大，他和女生的交谈更多是讲题的过程以及奋斗的目标，渐渐地，两人都在学业上越发忙碌，无形中也淡化了"早恋"的痕迹；在家委会、班委会的合作下，10月初修订了班规第三稿，其中对学生的作业提出了更高要求，得到了师生和家长们的一致支持。但小李同学突然连续一周不交作业，无论老师们怎么叮嘱，也很难让他补全。根据最新班规，作业连续8次没交、漏交，德育考评下降一档，眼见小李马上就要降到不及格档，班里也有学生议论："老师不会给不及格吧，看看怎么处理呗！"此时，家委会的微信群突然有人@我，原来是小杜妈妈和小钱妈妈，她们的孩子回家说了小李的情况，两位家长随即和小李的妈妈进行了交流，原来小李妈妈在孩子初三后有些急功近利，给小李在周末报了6个补习班，孩子几乎没有时间休息，产生了一定程度的厌学。他妈妈主要以批评和吼叫孩子为主，让孩子在家学习的情绪非常不好。小杜妈妈建议："王老师，你可以建议小李妈妈短期内暂停孩子大规模的补课，并以鼓励和谈心作为主要的家教手段。"小钱妈妈又补充："王老师，我听说这孩子挺讲义气，你可以进行作业质量小组比拼，每周输的小组要多一个项目制作业或选择参加一定量的体育运动，抑或小组积分减半。"我将两位的方案结合应用，小李所在的小组果然输了第一次比拼，他的组员都比较失望。而小李回家也跟妈妈分享了他的"负罪感"，他妈妈借机鼓励他下一次一定能帮助小组获得胜利。第二天，正巧轮到他们组值日，没想到小李一人承包了全班的打扫，让组员们先回家。慢慢地，他的作业也能交齐了，而周末他选择参加了3科补习，反而事半功倍，总成绩有所提高。经过一个个和家委会共同"破解"的案例，学生们能团结一心、安心宁神地学习了，全班的学习氛围和成绩也显著改善。我想，邀请家委会协助"破解"案例的优势在于他们也是家长，更能从家长和孩子的角度出发，平衡好处事的分寸。

四、"家班共育"感言

一个深刻、全面和真实的教育，首先，班主任要了解全班学生的家庭环境，其次是鼓励家长们成为学校的密切伙伴并主动参与学校事务，使家庭教育更好地为学生服务。无论是家长会、班级宣传或是班级案例，我都通过微信绿色和白色对话框和家委会以及家长们进行思维的碰撞和情感的交流，共同汇聚彼此的智慧，此过程见证班主任班级管理能力的进步、家长家庭教育水平的提升，将班主任和家长的育人转化为有技术的爱，以此调动学生们积极、阳光的学习动机，即绿与白的共智汇，爱与育的互成长。

家班共育 智慧众筹

减轻心理落差　提升受挫能力

上海市杨浦区回民小学　金丽雯

一、引言

一个有着坚强心理素质的民族才是真正坚强的民族。一代儿童少年的心理承受能力以及面对困难和挫折的态度，其实就代表了未来这个民族的基本素质。一个人的一生不可能不遇到困难和挫折，关键是如何看待这些困难和挫折。对今天的儿童少年进行适当的抗挫折教育，增加一些磨难，使他们懂得如何正确对待挫折、失败和困难，从而具有较强的心理承受能力和坚强的革命意志，对他们将来的成长和我们民族未来的发展有着非同寻常的意义。

二、实践与研究

近年来，整个社会普遍感受到小学生抗挫折的勇气和能力越来越弱，挫折反应极为强烈，有的学习成绩退步，经过一段时间的努力后成效不显著，便对自己失去信心；有的遇到同学之间的人际关系出现障碍时内心产生焦虑，不能采取积极的态度调节情绪解决问题；还有的仿佛得了"表扬依赖症"，变得只能听好话，一旦听到老师的批评，便哭哭啼啼……究其原因是多方面的。其一来自家庭。孩子在学校里快乐而出类拔萃是每一位家长的希冀，在孩子上学之前很多家长都对自己的孩子有过很大的期望。但往往自从上了学之后很多孩子并不能达到父母所期望的目标，这或多或少会影响到孩子的学习心情，从而形成一定的心理落差。还有家长过分地溺爱，过度地表扬，一味地崇尚鼓励教育，对个体需求欲望满足过多，造成孩子任性，孩子在受到挫折时容易产生消极心理，对孩子心理形成的影响是不利的。其二来自于学校教育。不可否认，多年来我们偏重于学习成绩，导致学生心理脆弱，经受不了挫折与失败。在一定程度上影响了孩子的心理健康和全面发展。其三来自社会。社会环境对老师的要求越来越高，在采取教育手段上老师有些重不得轻不得。孩子从小到大都是养尊处优，在物质和精神上的要求比较容易得到满足，优越感强，对挫折缺乏心理准备。

如何帮助学生减轻心理落差，勇敢地面对生活，避免产生过度的焦虑和过低的焦虑，如何帮助家长提升孩子受挫能力，引导孩子积极主动地迎接各方面的挑战，让孩子更健康快乐地成长呢？让我们架起挫折教育的桥梁，提升挫折教育的温度，实施抗挫折教育活动，拓宽抗挫折教育通道，形成教育合力，才能发挥教育的魅力。

（一）架起抗挫折教育的桥梁：同频才能共振

班级定期召开微型家长会，教师、家长达成教育共识，召开一些抗挫折专题家长会，因为家庭教育有着学校教育不可替代的作用。微讲座告诉父母不能过度赞扬，家长对孩子的评价会直接影响孩子对自己的判断。因此，父母对孩子的表扬应该适度，在称赞孩子能干时，也要指出他的不足，鼓励他继续努力。孩子犯错时给点批评，让他明白其中的道理，承认错误，改正缺点，在表扬和批评中锻炼孩子的心理平衡能力。让家长知道批评和表扬都是教育孩子的一种方式，任何教育都要遵循科学规律。其次，不要过高期望。孩子追求完美往往受家长影响。"不经历风雨怎么见彩虹"，让孩子拥有一定的受挫力很重要。只有教师和家长教育一致，同频才能共振，孩子才会更好地成长。正确全面地评估孩子，从孩子的性格、气质、兴趣和能力等实际出发，因材施教，循序渐进地开发儿童智力，发展儿童特长，坚持德智体美劳全面发展，提高儿童综合素质。

家委会可以设立一个"育儿心得大家谈"班级公共邮箱。在这里，大家群策群力，和大家探讨抗挫折教育的金点子，遇到共性问题，班主任及时给予具体举措。比如，对于显示出这样那样光芒的孩子父母可以故意设置一些挫折，故意不表扬不肯定某些优点，使其在受挫中得到磨炼，以弥补他们的心理锻炼。"响鼓也要重锤敲"说的就是这个道理。优秀的孩子经常沉浸在赞扬声中，听不进他人的批评，稍遇挫折便意志消沉。所以说好孩子的优秀，只是相对而言，作为家长必须树立全面育人的理念，要培养孩子坚韧不拔的意志、较强的应变能力，帮助他们调整不容许别人超越的嫉妒心理、经受不了挫折的心理等。实施下来家长间育儿交流互动很积极。

（二）提升抗挫折教育的温度：小绘本大智慧

心理学研究表明，榜样对儿童的行为形成和改变有着显著的影响。给孩子树立不畏困难、战胜挫折的榜样，能加深对挫折的认识，有利于增强儿童勇敢面对挫折的信心，自己内在的上进、热情，进而转化为孩子的自我发展。

班主任可以利用中午的碎片时间带领同学一起阅读绘本故事。一个简单有趣的故事，常常蕴含着深刻的道理。比如，跟随作者艾瑞克·卡尔爷爷走进小种子的世界。图文并茂的《小种子》让学生们了解小种子历经千难万险，在飞越的过程中经历了一波接一波的考验，一站又一站的难关，小种子终于长成了小树苗！通过绘本故事学生们能感受到小种子有勇气，不怕困难，勇往直前，世上没有一帆风顺的事，也没有十全十美的人，困难和挫折是我们学习生活的必经之路。

在家长学校的募课活动中，家委会带头进课堂给孩子们上课。绘本故事《杰瑞的冷静太空》讲的是父母首先面对困难承受挫折时要学会管理好自己的情绪，才能让孩子产生积极的自我认同，获得安全感，让其迎难而上和表达自己的情绪，全然接纳自己的情绪，使情绪感受有一个疏通的渠道。《批评就是坏事吗》带给孩子们不同的视角和不同的阅读感受……在家里，家长们也要引导孩子聊聊学校里发生的事情，倾听孩子们的心声。和孩子一起读读故事和文章，精心选择一些适合孩子的有教育意义的故事、文章，与学校班级教育形成互补。

事实证明，文字传情达意是有温度的，优秀的文学作品对孩子能够起到很好的抗挫折教育作用。

（三）实施抗挫折教育的活动：共激励勤关注

在班级里，班主任利用班会课开展"批评与自我批评"，一周一小结，一月一总结，让学生交流反思自己的言行，找不足，求进步。让学生明白失败是成功之母，挫折是通往成功彼岸的台阶。只有认识到自己的不足，才能赶超自己，有更大的进步。在"今天我值日""大扫除"的学校劳动中，注重培养学生坚韧不拔的意志和不畏艰难的勇气。班级宣传栏根据学生的表现赢得相应的积章，10个积章可以进阶，在班级光荣榜上获得一颗星星。推进积章进阶也是激励学生学习和活动的坚持性，有利于培养学生成长过程中不畏挫折的意志。

家委会一起商议制定一张家庭反馈表，内容是切实可行的抗挫折目标和抗挫折内容，不仅包括孩子在家完成学习作业还有家里的小家务，帮助孩子梳理一下要孩子做的事情，有意设置一些难度高的小家务，然后根据事情的难易程度呈现在一张表里。家长把它张贴在家里显眼处，可以自己微调定时间、定地点、定辅导的家长，配合老师一起培养孩子的抗挫折能力，关注孩子成长，让孩子经受锻炼，有助于培养孩子的抗挫折能力，磨炼孩子的意志。

通过这些教育和锻炼，让学生明白学习和生活中的困难只要想办法总会战胜的，老师和家长共同引导孩子不怕困难，努力克服困难，从而达到抗挫折教育的目的。

（四）拓宽抗挫折教育通道：巧利用妙融合

平时，班主任可以巧妙地融合资源，把抗挫折教育渗透到班主任执教的各学科中去，把《道德与法治》《民族常识知多少》学科根据课程目标对学生进行抗挫折教育的对接与传播。在学科中挖掘抗挫折教育内容，找到两者之间的契合点，进行归纳和整理，然后在教育中加以提点与贯彻。班主任可结合大队部活动积极开展"夏令营""春秋游""民族主题馆馆日""主题班队会""主题教育课"活动，以丰富多彩的活动为教育载体渗透抗挫折教育。如在《好朋友互相帮助》主题教育课上可以有意识地和学生讨论、回忆学习生活中曾经遇到的困难，认真积极去想办法解决困难；和学生做做游戏，在游戏中让孩子体验感悟克服困难的重要性；讲述心灵小故事，在故事中启迪孩子如何更好地生活学习，积极面对遇到的各种困难，学会解决问题的方法。又如新学期伊始，我会引导学生准确地把握自己实际情况，制订"学习计划"，从实际出发，"学习计划"由学生自己制订，遇到困难他们也会互相交流寻找解决的办法。在道德与法治课《请帮我一下吧》一课中创设具体的情境让学生懂得生活中的困难分轻重缓急，有的困难可以自己解决，但有些困难需要紧急求助，遇到困难不要慌张，等等。

在大队部活动"带着国旗去旅行"的号召下，家委会设定以"抗挫折主

家班共育 智慧众筹

题"的家庭活动日——带着国旗徒步去旅行。有的家长带着孩子参加"崇明一日六公里亲子徒步",有的家长带孩子去爬山,有的家长带孩子去农村体验农活……家长们心怀美好目标,采用科学方法,和着学校教育的节拍纷纷行动起来啦!家庭活动日是父母陪伴孩子一起活动的快乐时光,它形式灵活多样,家长创设更多的情境让孩子体验挫折,真正做到了育儿无痕。家庭是孩子心灵的港湾,家庭资源丰富,父母有意识的"放手",是对孩子进行抗挫折能力培养和锻炼的好机会。家长抓住生活中的各种教育机会,有意识地融合创新,与学校教育一起携手共筑教育大资源。

三、小结

巴尔扎克说过:"挫折是一块石头,对于弱者来说它是绊脚石,让你停步不前。而对于强者来说它是垫脚石,使你站得更高。"

抗挫教育是双通道,家长需定期和班主任反馈联系。这样老师才能及时得到信息,了解家庭动态,提出更适切的教育方法,家长也要愿意倾听教师的建议和指导,潜移默化地与班级教育达成一致。教师从家长的反馈中得到认同和信赖。这样双向教育,增强了家班共育的有效性。家校携手,家班共育,让孩子站得高,望得远,走得稳。

打开房门，走进心门

一、案例背景：来自家长的诉求

如今上海随着改革开放政策的不断实行，大家的生活条件越来越好，特别是住房条件得到了极大的改善。从以往弄堂旧房三代同堂挤在一间一二十平方米的小房间到如今一家三口住进一两百平方米的高楼别墅。时代在变迁，人们的思想也随之变得更快，孩子们对自我的空间意识也随着先进的外来思想而发生改变。

很多父母在描述孩子从学校回到家以后除了吃饭是与父母在一起，其余时间都是独自在自己房间而且是将房门关闭的，父母完全不知道孩子在房间内做些什么。这就是为什么很多父母最后找到班主任说：老师，我们真的不知道该怎么和孩子沟通，他（她）根本不理我们。

二、解决路径：聚集大家的智慧

（一）他山之石——鼓励相互取经

经过深入了解不难发现，家庭幸福美满，孩子与父母几乎无话不谈的家庭所占的比例大约是班级的三分之一。这些家庭有一个共同的特点，那就是孩子的性格非常开朗，到哪都不缺朋友，在同学眼中也是口碑良好的孩子。通过对这些孩子父母的了解，发现也有共同之处，那就是他们坚信孩子最需要的是父母的爱和陪伴。所以他们不定时都会一家三口外出游玩，与孩子探讨各类生活学习中遇到的问题。

（二）经验分享——交流育儿经验

学校每学期都会有两到三次的家庭教育指导机会，有时是邀请家长来校亲自参加，有时是将老师们一段时间的研究成果作为学习资料发给各位家长。作为班主任当然要利用好每次家长亲临现场的机会，然后邀请班里优秀的学生家长分享自己的育儿体会和经验，发现效果非常好。

以下几位家长的经验分享就曾给其他家长带来很大的启发和帮助。

1. 主动沟通，找到症结所在

案例1：曾经有一位家长在分享过程中提到女儿以前是一个兴趣爱好很广泛的孩子，但是却缺乏自信，也不愿告诉父母原因。后来通过和班主任老师一起与孩子谈心才发现她缺少的是为她搭建展示平台的机会，因此后来班主任老师特地在艺术节时安排她为班级排一个节目代表班级参加比赛。刚开始她有些胆怯，但经过班主任老师和父母的帮助和鼓励渐渐像个总导演了。同学们也开始慢慢佩服她的才能。

分析：房门阻隔的是一段距离，只有想办法打开房门走进孩子心里，倾听他们的心声，帮助他们建立自信是父母的当务之急。

2. 细心观察，走进孩子心房

案例2：有一位父亲分享了自己儿子的转变经历。在初一阶段，儿子迷上了网络游戏，所以回家吃完饭就回自己房间关上房门，也不知道是在做作业还是打游戏。父母一度将家里的网络密码改了，谁知却被他一次次破解。眼看来硬的不太可行，他的父亲就准备出奇招。爸爸特地上网查阅了儿子游戏的信息，亲自上阵感受儿子的感受，并且获取了该游戏线下比赛的观摩入场券。于是他某天和儿子说："爸爸今天带你去一个你想也想不到地方。"于是，到了现场儿子尖叫着抱着爸爸说："你是全天下最cool的爸爸。"

分析：同一屋檐下，不要被房门所阻隔，走进孩子的世界，感受属于那个年龄的孩子的快乐。玩是孩子的天性，教孩子怎么玩、怎么陪孩子玩才是值得我们思考的。

3. 多点信任，留给孩子发展的空间

案例3：班里有一位非常时尚的妈妈，她走上讲台的那一刻就好像散发着少女般的气息，如果不是今天坐在教室里的都是家长，大家都会以为她只是个实习生。她分享的是一个乌龙事件。她是个热爱旅游的妈妈，经常和孩子爸爸周游世界各大名胜，一年旅游十多次，其中寒暑假各一次带上儿子，其他都是二人世界，像情侣似的。到了初二她慢慢发现儿子总是关着房门，里面还时不时地发出咔嚓咔嚓的声音。她多次旁敲侧击地问儿子咔嚓声是怎么回事，但儿子总是轻描淡写的一句："没事，按计算器呢。"可女人总对自己的第六感莫名地自信，她总觉得儿子有什么瞒着她。于是她有天晚上就打开了儿子的房门想一探究竟，然后就看到儿子正拿着魔方在练习，但儿子看到妈妈突然进来，脸上有些不悦道："本来想给你一个惊喜的，没想到你等不及了。"事后才知道儿子打算参加华二的魔方比赛，等拿到证书后给妈妈一个惊喜。在分享完故事后，这位妈妈不好意思地说道："儿子和爸爸都属于暖男类型，他们都是我的男神。"

分析：有爱的家庭是孩子成长最好的环境。有时，孩子只是想要自己的空间，多一点信任也许会发现孩子给你带来的甜蜜比负担要多得多。

（三）模拟体验——获取成熟建议

把家长分为4组，6—8个家长为一组先进行小组讨论分工。两三个家长负责模拟家庭问题，其他家长作为观察员进行技术指导，将模拟情景排演到理想状态后在班级家长面前进行呈现，看看其他组的家长是否有更加优化的建议。初中生最擅长的就是表演，特别是模仿家长和老师，就像无师自通般行云流水。但如何让学生在表演中站在家长角度看问题，体会父母的无奈才是需要班主任老师进行正面指导的。

案例4：班主任提供第一组家长故事背景：孩子考试没有达到理想成绩，回家后吃完饭就说要在房间做作业，把门一关。扮演要求：每个角色尽可能体现各自年龄和处事态度特征。达成目标：孩子愿意拿出试卷与家长共同分析问题。家长在前期准备中考虑到现阶段孩子的很多情况，但最终在家长会的展示中遇到了很多其他家长的质疑。例如，面对孩子不理想的成绩难道每位家长都能如此理智？叛逆期的孩子肯不肯好好与家长面对面交流？

分析：由于第一次开展这类活动，家长经验不足以及缺乏一定的专业指导都导致了此次体验式活动有些许的不理想。但好在老师与家长都及时进行了反思，大家集思广益，提出了自己的看法。在座的其他家长也发表了自己的意见和解决办法。所以刚开始的目的并不一定要把所有问题都完美解决，主要是让家长们团结起来，吸取各方意见，在与孩子的沟通中尽可能地站在孩子角度去思考问题。作为班主任也必须参与到家长的前期准备中，给出足够的专业性建议。随着活动的不断开展，家长们的经验丰富了，平时和学生的交流也变得紧密了。

案例5：班主任提供第一组学生故事背景：班主任告知父母孩子在学校早恋，孩子回家后就关上门在房间里。扮演要求：每个角色尽可能体现各自年龄和处事态度特征。达成目标：孩子愿意与家长坐在一起讨论早恋问题。到班会课表演阶段时，刚开始同学们都觉得这是个不愿与老师和家长在一起面对的问题，大家在同学表演完后也不敢畅谈自己的意见。但是演家长的那位同学不断说服大家提出自己的看法，他认为这是青春期的普遍问题，我们不能做缩头乌龟，我们要敢于去面对，就算争取自己的爱情也不是什么可耻的事，不愿面对才是最大的问题。

分析：孩子们每天坐在讲台下听老师上课是被动的，来到舞台上能让他们从被动到主动，增强自信心。有些孩子在前期准备中也征询了自己爸爸妈妈的建议，这何尝不是另一种方式的沟通呢！在表演期间他们展现出自己的智慧，表达了自己的看法。从班主任角度来看，有时主题的敏感性反而会有意想不到的结果。

从这两个活动中可以明显感受到家长没有孩子们放得开，大人的顾虑较多，很多话和情感不利于表达。但是我们的孩子们却恰到好处地运用这个活动的机会既展现了自己的处事态度和方法，同时也表达了自己对这类问题的看法，其中也包含了他们对家长处理类似事件的态度和期望。所以如果有机会还是可以将孩子们的表演给家长们看一下，这样能从另一个角度更加透彻地了解现在的00后们究竟如何待人处事，如何希望与父母相处。

三、成效与反思

纵观现在的社会现状，随着人们生活条件的改善，大家对于孩子未来的期望也变得更加高远。其中也不乏很多盲目的家长，盲目地参加各类培训，盲目地增加孩子课业负担，盲目地自认为了解教育的意义，等等。但就是由于家长的爱太过沉重导致孩子内心异常压抑，想要寻求自己的一片净土。而孩子们认为自己的房间是逃离现实世界的唯一去处，他们渴望在自己的小天地里做自己喜欢做的事。

通过分析几位家长的成功案例，家长在后期的交流中都觉得得到了一些启示。虽然不能完全模仿，但可以通过这些孩子看到大部分孩子的共同心理特征。家长之间也可以互相吸取好的经验和方法。

通过组织家长和孩子们参与活动角色扮演，在一定程度上也是增进互相的感情，很多孩子先跑来问我："老师，您平时怎么对待自己的孩子？"我告诉他们："你不如回家悄悄观察爸爸妈妈是如何照顾你的。"没过多久就有很多同学和家长回馈说："老师，自从你搞了这样的活动，我们家就像在准备春晚节目一样认真。"活动的魅力不但在于本身的目的，它会产生很多化学效应才是我们教育工作者最希望看到的。

房门从某种角度来看只是一个虚设，孩子们内心还是希望得到父母的关怀和理解。多一分宽容和理解，少一些责备和苛求，那么家庭教育就会变得更顺畅。

我们总认为孩子到了叛逆期，做事总是不考虑后果，不在乎别人的看法。但实际上我们成人付出的多少也影响着孩子的成长。沟通本身不难，但是要达到有效沟通就需要老师和家长重点思考了。

只有走进孩子的心门才能开启他们成功的大门。

群策群力：家长"微提案"

上海市大同初级中学　汪　妍

一、案例背景

关键：学校与家庭如何形成教育合力的问题亟待解决。

不少国家的中小学都设有专职的家庭教育指导师。以美国为例，每所学校都设有家庭教育指导师的专门职位。

在我国，《教育法》第四十九条规定："学校、教师可以对家长提供家庭教育指导。"

我国实行班主任制，因此指导家庭教育的工作主要落在了班主任身上。然而，现实情况是部分家长缺乏对班主任的信任，不愿将孩子在家的真实情况告知。又或是班主任本身，特别是年轻班主任，受经验和专业素养所限，在指导家庭教育时，面对家庭教育的复杂性，存在着指导能力不足和错综复杂的家庭教育指导需求之间的矛盾。

家庭教育与学校教育的契合度不够，导致教育领域普遍存在"5+2<7"的现象，即学生在学校8小时外的家庭教育中产生的问题，直接影响了学生在校内的学习与生活。

综上所述，如何在具体实践中让班级教育与家庭教育产生合力，班主任在具体工作中如何引导家庭教育，成了班主任工作中需要思考的问题。

基于此，在本案例中，我着力于研究班主任如何在具体工作中，充分调动家长资源，开展家庭教育指导，形成家班合力。

二、问题分析

关键：传统家班沟通方式存在着短板。

（一）家长与班主任联系的滞后性

带班一年来，我发现班级家长在家班沟通上存在一定的滞后性。比如，一些家长在期中、期末考试成绩出来时，看到自己孩子考得不理想，才来联系老师。家长与老师交流后得知：其实问题早已出现。

部分家长工作较忙或者抱着"不想麻烦老师"的心态，平时不与班主任联系。等到期末家长接待时，发现学生在家的行为习惯问题已经比较严重，或者与班级里的表现大不一样。

（二）家长对学生问题的处理缺乏引导

带班中，常常发现部分家长缺乏育儿知识，只是凭借自己过往的经验处理与孩子之间的矛盾，家长渴望学习方法，可除了班主任，又找不到其他路径。除了导致在处理问题时与子女关系更紧张外，自身的焦虑也会随之加强。

（三）微信和"晓黑板"等APP使用的主动权在教师

"晓黑板"是"点对点"的单线家班沟通方式，家班沟通的主动权在教师手里。家长想要反映学生问题还是看家长自身的习惯，较为被动。微信群的建立也主要以老师发消息为主，家长在微信群中可能碍于面子，或者本身家班互动就习惯被动等，不愿在群里反映自己孩子的问题，从而老师想要了解孩子问题，只能通过私信，这样问题的反馈比较零散，不能提高老师处理同类问题的效率。

思考：就在最近一个月，作为班主任的我，接到来自不同学生家长关于孩子使用手机上瘾的反映，无论是利用手机玩游戏，还是利用手机聊天，都有一定的共性。班主任一一回复，很多是重复性的话语，如果能集合起来处理便可以提高工作效率。

三、案例呈现

关键：群策群力解决实际问题。

在期中考试成绩发布后，小徐同学家长当晚就联系了我，向我讲述了小徐同学手机成瘾问题。从家长的描述中我得知，小徐同学的"手机瘾"已经

家班共育　智慧众筹

较为严重，做作业时手机也不离身，导致学习效率低下，学习效果较差，小徐父母一直不想麻烦老师，可这次看到小徐成绩退步比较明显，终于按捺不住了。凑巧的是，两天后，也有班级同学跟我反映小俞同学沉迷手机游戏。在手机被我暂为保管后，他又从爷爷奶奶处索要手机上网。班级同学反映，班级群里就数他最为活泼。可小俞的家长却并未因这个问题联系过我。之后几日我在主动联系几位最近学习情况有所退步的学生家长时，都收到了几乎相同的反馈，即家里手机使用时间过长。这让我意识到学生在家中，不能合理使用手机这一现象，在我们班有一定的普遍性。可家长们除了小徐妈妈外，其他或是因为工作忙，或是觉得不好意思麻烦老师，又或是不想将自己孩子不好的方面暴露在老师面前等原因，都没有主动联系我，这使得孩子使用手机的问题越来越严重，部分学生如小俞已经有成瘾的趋势。

这个问题不由得让我犯难，一来班级有手机使用问题的学生并非个案，我要一个个约谈家长工作量确实很大，二来在家庭手机使用问题处理上，作为一个4岁孩子的妈妈，我的实践经验不足，要找到具有实践经验的方法也是颇费脑筋。正在我一筹莫展之时，我看到了之前培训时培训老师在介绍包玉刚学校学生处理冲突时的一张PPT，即"Problem-solving Steps"，即当学生之间发生冲突时，在班主任的引导下，通过学生自己"Say the problem——说出问题""Think of solutions——想出解决方法""Explore consequence——后续探索"和"Pick the best solution——找出最佳方案"来解决问题。

那何不让家长来为家庭教育中出现的问题出谋划策呢？可哪些家长可以成为我解决这一问题的资源呢？想到这里，我就先着手设计了学生家庭手机使用情况表，在微信群中下发，并要求家长填完表格并在截止时间内私信把表格发给我，这就避免了表格回收时间跨度太大，回收较为零散等问题。在回收完表格后，我找出了几个学生在家使用手机合理的家庭，并且联系家长，请家长就我们班级现在出现的手机现象出谋划策，形成一条条"微提案"。如小程家长建议，家长为手机设置密码锁；小周家长建议家长自己在陪伴孩子时不要过度使用手机。相反，应树立"减少手机使用"的好榜样；小张家长建议，家长和子女签订手机使用协议，规定手机使用时间和具体用途，绝不要一味地没收。我将几位家长的提案整理成文，发在家长群中，请家长们复议，引得家长之间互动不断，有大加赞赏的，有提出自己的金点子的。我将"微提案"再次精修，并邀请之前反映孩子存在手机使用成瘾的家长集体来校沟通，利用"微提案"中的方法来引导家长，并做好后续跟踪。

分析：这次手机问题的解决，摈弃了以往家长来找老师反馈学生情况之后，老师单方面教育孩子，单纯地用说理或班规来制约孩子的旧思路。相反，通过班主任引导，将学校和家庭教育结合在一起，家长们与班主任不再是提出问题、解决问题的"点对点"关系，而是围绕家庭教育、学生教育互相研究、互相探讨、共同学习的网状关系。家长之间也从一个个独立的个体，在班主任的智慧引领下，形成了互相交流互相学习的家庭共同教育探讨模式。

四、家长"微提案"

尽管工作已有10个年头，但在家庭教育这个环节，觉得自身经验还不是很足，而家长中却不乏在家庭教育上颇有心得的家长，家长之间的互动沟通，他们之间的共情更可以让有问题的家长解惑。

（一）问题的征集

学期初，班主任根据班级学生已有的档案信息，如小学阶段的成长手册，以及假期家访所反馈出的信息，设计出在家庭教育中家长处理起来比较有问题的几大板块，如学习习惯、学习态度、电子产品使用情况、情绪处理等几方面，设计问题征集表（如下表），从家长的角度，了解班级在这几大方面存在哪些共性问题。

学生问题征集表

家庭教育——学生问题征集表
学习习惯： 例：孩子作业拖拉，每天作业完成到晚上11点。 问题： 问题：
学习态度： 例：孩子在校外参加补习班，态度不认真，效果很不理想。 问题： 问题：

左侧竖排：

共智汇
——上海市班主任带头人吴晓云工作室建设『实』录

家庭教育——学生问题征集表
电子产品使用情况： 例：孩子对手机成瘾，会偷拿爷爷奶奶的手机玩。 问题： 问题：
情绪处理： 例：孩子受到打击挫折，容易有自暴自弃的情绪。 问题： 问题：
其他： 例：孩子不听我的话，怎么教育都没用。 问题： 问题：

（二）问题的解决

根据反馈的问题，整理符合学生年龄特点，符合班级学生共性的问题，利用家长资源，请部分家长提出解决提案，填写家长"微提案"（如下表）。根据家长的方案，请家长群里的家长们复议，然后班主任调整后，再结合学校资源，如德育老师、心理老师等专业人士的帮助，对提案内容提出专业的建议，深化提案内容，确保提案的可实施性。"微提案"完善后，班主任则需要落实提案解决方法，利用家长会召开相关讲座，在家长群里召开微论坛，或邀请部分家长来学校与相关老师约谈等。

家长"微提案"征集表

家庭教育——家长"微提案"征集表
问题： _____
提案： 1._____ 2._____
提案复议：
学校建议：
具体措施：

（三）"家班共育"档案

将家长"微提案"存档（如下表），作为日后的教育教学资源积累，也可以由以后的家长继续更新。

结合案例的成功经验，在日后的工作中，将家长"微提案"作为工作计划的一部分，在学期初征集问题，每月就一个问题发动"提案"，请家长们复议，并提出各自的想法，每月可召集问题相关的家长进行集体接待，增强工作效率，月末将"微提案"编入家班共育档案，作为积累。

家长"微提案"档案

家庭教育——家长"微提案"档案
时间：   问题：
提案及具体措施：
家长反馈：

五、结束语

联合国教科文组织在《教育——财富蕴藏其中》一书中提到："家长和教师之间必须进行真正的对话，儿童的协调发展要求学校教育和家庭教育的相互补充。"班主任在指导家庭教育时，若能将更多的教育方法和细节展示给家长，若能多站在家长的角度为他们出谋划策，若能通过适当引导，充分调动家长对学生教育的参与度，相信必然会赢得家长的认同，激发他们自觉地参与到教育中来。这样的"双赢"局面，也是家班双方所希望看到的。

家长"微提案"的提出，为班主任的家庭教育指导提供了一条可以实践的方法。希望通过日后不断地践行，完善提案内容，健全家庭教育档案，成为家长在教育中可以探寻的法宝。

参考文献：

[1] 何康.青年班主任要提高家庭教育指导的着力点 [J].现代教学（思想理论教育），2017（20）.

成长心连心，我们在行动

上海大学市北附属中学　金　晨

没有硝烟的战争在当代中国往往与金融风暴或是新兴产业挂钩。因为有成百上千的人前仆后继地加入这场厮杀中，成为某一行业的领军人物。然而，今天我述说的这场"战争"却发生在许许多多身边的家庭中，它就是家庭教育中的"战争"。

一、"战争"因何而起

在综合改革背景下，如今升学的途径越来越多。再加上社会环境诱惑巨大及读书无用论的日益膨胀，社会人特别是不少父母对于孩子的家庭教育往往停留在关心孩子的衣食住行上，对于孩子身心发展的关注尤为缺失，这就是这场"战争"的导火索。

暑假我走访了几户高三毕业班的家庭，一些已经是第二次去了。对象都是男生，且在理科方面都有一些小聪明，学习习惯懒散的学生。拜访的目的是了解孩子暑假学习状况，以及家庭对孩子学习上的具体要求及规划。

走进张同学家，他正裸露着上身在房间休息，是他母亲帮我开的门。当听到我进来的声音，他赶紧坐了过来，毕竟2年的班主任他在心里还是有所忌惮的。整个交流过程他木讷地看着我和他母亲的对话，面无表情。这时只听到屋内的拖鞋声，原来是上了岁数的爷爷。祖孙三代住在三室两厅的大房子里，妈妈作为家庭主妇在家照料，父亲在外打拼，居家环境还算不错。印象中本应其乐融融的家庭在我看来却显得十分冷清，这个家庭到底发生过什么我无从得知，唯一可以知晓的就是他们过得并不快乐。谈话中孩子唯一开口的内容就是他不爱学习，不喜欢学习，觉得学习有啥用，还不如出去打工。原以为父母听到这些话会大发雷霆，但是他们却显得异常淡定，并时不时地劝慰着孩子。此时，我知道再问孩子其他问题已经毫无意义，因为家庭教育在这个家庭已经失去了活力。家访结束时母亲送我走出了家门，在楼底下我们又站了许久，母亲终于难掩悲伤的眼泪。原来从初中开始孩子叛逆严重，已经到了一点就着的地步。家长的话根本无法传递给孩子，更无从谈孩子的教育问题。正当我们交谈时，孩子从家中下了楼，打了个招呼就从我们面前走过。问孩子妈妈去哪，原来是去家附近的健身房健身，年费3000元。炎炎夏日，我的心拔凉拔凉的。如果我是父母，真的想死的心都会有。这场家庭内部的"战争"何时才会结束，但愿孩子能早点懂事。不谈学习，至少也能为这个家多付出自己应尽的责任和义务……

家访完这群孩子，我突然开始审视起自己的家庭教育，害怕有一天这种情况会在我的家庭出现。到底是怎样潜移默化的影响最终导致了如今这种现象的发生呢？归纳起来有几点：

一是忽视了孩子最佳发展区的指导。在不同的年龄段，家长没能够及时了解孩子的心理特点，并依据特点改变自身的教育。法国心理学家艾力克森曾提出人的心理发展八个阶段，每一阶段人的心理变化侧重点各不相同。在他看来，12—18岁称为同一性混乱，孩子应能综合把握各方面信息，确定生活策略。若发展顺利，则可形成同一性。若发展不顺利，则会出现同一性混乱。张同学属于典型的同一性混乱所导致的家庭"战争"。他由于不能正确认识自己，且缺乏综合把握各方面信息的能力。在成长的过程中，渐渐迷失了前进的方向和动力。

二是家长与孩子间缺乏必要的沟通和理解。正如上文提到的，存在这类现象的同学并不在少数。特别是我所在的普通高中的学生群体中，更为常见。由于在父母和一部分老师眼中，他们什么都不行，随着年龄增长，孩子们内心的困惑与父母的焦虑缠绕在一起，讲不清也道不明，互相之间都关闭了沟通的桥梁。

无论对于家庭还是学校，我始终认为教育是一项工程。它的优劣或许并未在一开始呈现，但是一旦结果呈现，那就是不可逆的。因此，对于教育工作者，如何利用家班共育的方式创设机会，从而对孩子的生涯做进一步的指导，或许是解决这年龄段孩子家庭"战争"的方式之一。

二、每一个"苹果"都要摸过来

"每一个苹果都要摸过来"是我德育管理的宗旨之一。这个"摸过来"不仅仅是能够喊出学生的名字、说出性格脾气那么简单。而是要在综合比对学生参与学校活动、家庭和谐氛围等基础上，对学生已有的性格特征、行为习惯的科学分析。从而帮助教师在科学认识学生的基础上做好学校教育、家校沟通。

"真没想到他会这样，怎么办呀，金老师？""为什么春考后的那次爆发没能及时引导干预呢？到底孩子焦虑什么？你们平时都和孩子说了些什么？""金老师呀，我们真的没说什么啊，每次都和他说尽力就好，尽力就好。""那孩子焦虑的点是什么，你们了解过吗？""孩子想考一本，我们就说考一本很难的，要更加努力，其他什么都没说。""好的，我知道了。"

上面是我和即将参加高考的考生王同学母亲的一段对话。王同学平日里是大家眼中的乖乖男、大暖男、学霸级人物。别以为学霸就没烦恼，王同学父母的朋友圈几乎都是比王同学更厉害的学霸。父母出于对孩子的鼓励，经常拿优秀的孩子做例子讲给王同学听。久而久之王同学却将父母的行为理解为对自己的不满。这就是认知上的偏差。此时我想到了认知疗法的主要代表人物贝克（A.T.Beck）所说："适应不良的行为与情绪，都源于适应不良的认知。行为矫正疗法不如认知疗法。"为此，我力求在学生和家长间寻求各自的平衡点。通过一系列的目标引领来找寻问题、解决问题、归纳和提炼。目标如：现阶段父母希望孩子成为怎样的人，双方都知道吗？孩子自己又是如何打算的，双方都知道吗？父母给予孩子的压力孩子能否承受，双方都知道吗？以这些问题为切入口，尝试找寻家长与孩子间存在问题的根源。

区统考后的一周，成绩陆续公布。作为班主任的我密切留意着王同学的变化，幸好成绩又位列年级前三，他缓和了许多。

"好像没你想的那么不好吧，放松些。""要不是语文不好，我肯定第一了。""有想过毕业做什么吗？"我问道。"一本学校专业肯定好一些，所以专业还没想太多，越高越好。""我们18届已经有很大优势了，都是考后填志愿，以我对你的了解，我觉得操作类事务性的专业会更适合你，你觉

家班共育　智慧众筹

得呢？""嗯，对的老师，我与人交流是不太擅长。""计算机类、化学类等专业你喜欢吗？""我很喜欢……"

诸如此类的指导，前前后后不下4次。最后孩子以稳定的秋考发挥，以一本的录取分数考上了上海师范大学计算机系。

这类学生群体在我校有很多。怀着"每一个苹果都要摸过来"的理念，通过家班联动，分析个体思维，找出认知偏差，才能更好地助力孩子成长成才。

三、"活动"=德育契机

有经验的班主任常说："要抓住德育活动的契机开展教育。"的确，学校的各类活动也是增效家班共育的方式。

亲子活动被安排在体育馆内。主题为"成长心连心"，它起源于体验式学习方法，参与者可以从游戏中透过人与人的接触，产生不同的效果，从中学习及体验自己和其他人的关系。

我邀请了雯雯和妈妈参加，她们欣然接受了邀请。活动组织者由志愿者、班主任、义工等老师构成。不管相识的还是不相识的，随着欢快的音乐，大家自动地拉起手、搭起肩。"跳起来、转起来"，所有与会者拉着手，尽情释放着自己激动、兴奋的心情。

活动一开始，大家通过一个井字游戏来了解彼此。通过写9个兴趣爱好，找到和你兴趣相同的9个人为一组。此后，各组还进行了"钻呼啦圈""风中劲草"等体验活动。"风中劲草"是个关于信任的游戏：参与者要将眼睛闭上，然后向后倒下，由每组里的每个成员来传递这个人，最后回到原点。是整个环节中最刺激的游戏之一。活动中，雯雯和妈妈被分配在了不同的组。

雯雯在回忆中这么写道：

亲身经历后，发现原来信任是一种有生命的感觉，信任是一种高尚的情感，信任更是一种连接人与人之间的纽带。一开始不敢倒下生怕会有什么闪失的我，在组员的鼓励下，我放开自己，完全地信任了他们。此时，大家没有了年龄之分，没有了职务之别，完全沉浸在一个信任、透明、崭新的令人向往和期待的氛围中，人与人之间、心与心之间第一次走得这样近，没有一点隔阂和距离……

到了活动的最后环节，主持人用那嘶哑的声音讲述着美国"蓝丝带"的故事。大家都闭着眼睛静静地听着，感动着。当主持人让学员把这根充满感情的蓝丝带传递下去，呼吁找到那个对你非常重要的人时，我看到雯雯泪流满面地向妈妈走去。母女俩抱头痛哭起来。妈妈激动地拉着我的手说："谢谢你，金老师，真的真的很久没有这样陪伴女儿了。"

回忆中，母亲这么写道："一直忙于两点一线的我，记不得有多少属于自己的时间，也记不得有多久没和女儿促膝长谈了。每天为全家人的饭菜动足脑筋，为女儿的学习无谓地担心。这次的活动彻底改变了我光以小家为中心的生活概念，当我和所有的老师、同学，还有义工们一起随着劲爆的音乐跳起来时，我感觉自己又找回年轻了。当女儿拉着我的手问我累不累时，我的心醉了，叛逆的她终于和我心贴心了……"

教育部《中小学德育工作指南》（2017年版），在实施途径中对"协同育人"有明确的要求，文件指出："要积极争取家庭、社会共同参与和支持学校德育工作，引导家长注重家庭、注重家教、注重家风，营造积极向上的良好社会氛围。"

在我看来，"信任与沟通"是家班共育的基础，是处理"班级——家长——学生"三维的纽带。正如上述诸多案例中体现的那样，家长与孩子多久没有这样的真情流露了？在复杂的社会和人际关系面前，人人都把自己的心包裹得严严的、厚厚的，看不清本来的面目，无论父母还是孩子。为了所谓的尊严，父母缺乏对孩子的了解和认同，以至于孩子失去了努力的方向。孩子为了能够在父母面前证明自己，不断地重复着、煎熬着，他们不做任何沟通，成了活在同一屋檐下的"陌路人"。

四、尾声

"成长心连心，我们在行动"。创造各种机会，让家长与孩子彼此间能敞开心扉，做一回真正的自我，一个没有盔甲、没有保护色的自我。看到子女与父母们深深地拥抱，是对良好家班共育最好的印证。

爱的同心圆

上海市第二初级中学　周鸿艳

一、背景

如今的学生是家庭的"小宝贝"，他们在父母长辈的宠爱中成长，在自己的人际交往中大多以自我为中心，缺乏对同伴应有的理解与关心。而平时同学之间的相处，是学生接触社会的起点，在班集体中，需要处理好同学之间的关系，学会爱同学爱集体，使班集体成为同学之间彼此尊重、彼此理解、彼此关心的和睦大家庭，每一个学生都能在和谐的集体氛围中健康成长。而这需要班主任与家长的携手合作，为孩子的成长倾注爱心与智慧，让我们的孩子懂得爱，学会爱，传播爱。教师、家长、孩子手牵手画出爱的同心圆。与此同时，家长们的家庭教育理念也能够获得提升；班主任教育学生、指导家长进行家庭教育的专业化素养也会获得提升。

二、案例描述

"周老师，你快去看看吧，W又在班级里发脾气了！"课间，两个同学急急地跑进办公室来叫我。匆匆跑去教室，只见W正拿起椅子要摔在地上，周围的同学早已吓得躲得远远的。我走上前，柔声安慰着她，她的神情渐渐和缓了，放下了手上的椅子。我暗暗舒了一口气。小W是一名随班就读的智障学生，缺乏自信且认知能力发展较慢，记忆、思维效果不良。她性格暴躁，疑心病重，班里的同学没有人敢同她在一起。在接手这个班级后我对班级学生进行了家访，绝大多数家长也反映孩子在家与父母交流时总是对小W颇有微词；有一些家长也和孩子一起抱怨，认为班级里有小W这样的学生不利于自己孩子的成长。小W的父母对自己孩子的情况虽然很无奈，但已经接受了现实，并表达了希望能够让班级学生和家长了解小W的情况，给予她包容，使孩子能够更好地融入集体氛围中的想法。

三、教育策略思考

了解到这些情况的我很是焦心，我很理解小W这个"特殊"的孩子，自身情况使她在学校无法像正常的孩子一样学习、交友；也理解作为有小W这样特殊孩子的家长的情感及想法；同时也能够理解班级其他学生对小W所表现出来的怪异行为的不满及对小W敬而远之等做法。但作为班主任，我有责任指导、教育班级学生理解、帮助小W，让她更好地融入班集体的同时培养学生们学会爱同学爱集体，进而培养学生们的责任感。

本着"一切为了孩子的成长"，我计划从以下几方面对班级全体学生及家长进行理解、友善、包容的指导：一方面班主任在班级中对孩子们进行教育、引导，创造团结友爱的氛围，让孩子们学会理解、包容、友爱。另一方面获得家长的支持、配合。我们的家长对孩子的学校生活很关注，孩子又愿意和家长交流学校、班级的情况，家长们对小W的情况大多有所了解。可以引导家长换位思考，能够理解体谅小W父母的不易，唤起家长们对小W这类特殊孩子的关爱，从而配合班级对自己的孩子进行教育，使孩子们能够理解、接纳并帮助小W，培养孩子们理解、包容、友爱的品质。再者，发挥家委会作用，利用家长资源，给孩子们创造条件，近距离接触这类"特殊"的人，从而理解、体谅、包容小W，增进同学之间的感情，以此教育学生学会友善待人，增强孩子们的责任感。

四、教育实施开展

（一）班主任引导家委会成员换位思考

我组织召开班级家委会会议，向家委会委员介绍了小W这类特殊孩子的情况，以及自己了解到的班级学生及部分家长对"特殊孩子"的态度及想法。引导家长换位思考：假如我是这个孩子，我会怎样？假如我们的孩子是这样特殊的孩子，又被正常的孩子们区别对待，我们是怎样的心情？激发家委会成员"共情"，发挥家委会作用，号召家长在家庭中对孩子进行学会包容、理解等思想品德的教育培养。

（二）班主任与家委会商讨制定家班共育活动方案

1. 以家庭为单位了解社会智障儿童情况，激发同情心

由家委会向全体家长发出倡议，在家庭中开展对孩子的友善教育。请家长与孩子一起在两周内通过多种形式，如网上资料收集、调查社区智障人员情况、采访居委会工作人员等了解在精神上有残缺的特殊人群的特点、行为的小调查，共同完成小报制作。在此过程中让孩子意识到智障儿童及其家庭的不幸，以及自己作为健康人的幸福，激起家长、孩子对智障儿童的同情心。

2. 班主任以创建温馨教室为载体，营造温暖、和谐的氛围

在家长和孩子合作完成的了解在精神上有残缺的特殊人群的特点、行为的活动基础上，我及时召开爱心主题班会，结合家长和孩子的合作调查结果引导学生换位思考。教育学生要学会理解、关心他人。并充分利用学校、班级的各种活动让同学们感受到班集体中"家"的温暖，使同学们认识到班级内同学间应该互帮互助，不应该排斥任何一个人。从而引导同学们、特别是班干部去关心、帮助小W，让她感受到集体的温暖，来自班级同学的友爱。同时深入到学生中间，动员学生主动接近小W，关心她……

3. 发挥专业人士的专业知识，对全体学生、家长进行教育指导，激发"共情"

我向家委会提出建议，请家委会邀请在街道工作的家长马妈妈利用家长会为家长和学生做讲座，介绍街道"阳光之家"的工作对象及其特点，工作内容及这项工作对残障、智障人士及其家庭的重要意义。马妈妈的讲座进一步激发了孩子们及家长对智障儿童及其家庭的同情、关心。

4. 组织学生、家长参观、服务"阳光之家"，近距离观察、感受，激发爱心、责任心

讲座之后，我与家长们交流了解到家长、孩子思想上的触动。建议家委会请马妈妈联系街道"阳光之家"的负责人，组织学生及有意愿的家长分批分组参观"阳光之家"，采访智障儿童家属，服务"阳光之家"。学生与家长来到社区的"阳光之家"，和那边的学员们组织活动。在活动中，孩子们感受到"阳光之家"学员们都很渴望与人交往和接触，也渴望获取更多的知识。由此他们意识到了小W这类特殊学生也是渴望被关注、渴望和大家友善相处的，只是他们不知道该如何表达。在活动中家长们也纷纷表示了解到特殊孩子的情况对自己触动很大，理解了这类孩子及其家长的不易，不再排斥班里有小W这样的学生，同时自觉教育自家孩子对特殊孩子予以理解、包容。

五、效果呈现

（一）学生们的转变

在家委会带动家长与孩子们一起进行活动带来的触动、思考及老师的引导、教育下，班级学生整体思想意识有了很大的提升，对小W这类"特殊"孩子不再有过激的、贬低的言语出现，而是表现出了善意、理解、包容。他们逐渐接受了小W，在小组活动中，邀请其参加自己的一组共同查找资料，解决老师布置的问题；探究课上，主动要求与她分在同一组，随时给予帮助；体育锻炼课上主动和她玩……当其他班级的学生流露出对小W的不满、鄙夷时，孩子们都会主动去劝导。

孩子们在班主任、家长、家委会的指导、支持、帮助下成立绘画、舞蹈、手工制作等小组利用课余时间同家长一起对街道"阳光之家"开展定期服务，形成机制，并以此为起点树立服务社会的崇高理想。相继在班级内开展了"你的点滴爱，他的救命水——节约零花钱，为西部缺水的孩子圆梦"活动，共积攒零花钱1000多元，捐至中国妇女发展基金会，为西部建设母亲水窖；在学校范围内倡议开展"献出一点爱，点亮美好前程"活动，积极为西藏贫困儿童捐冬衣，捐学习用品；并与西藏日喀则实验学校学生结对帮困。孩子们将自己的小小爱心汇聚成大大的暖流传递下去，班集体先后获得"徐汇区快乐中队""上海市快乐中队""全国优秀少先队集体"等荣誉称号。

（二）家长教育理念的提升

1. 家长在孩子的教育中，既是教育者，也是支持者，更是学习者

在整个教育过程中，家长通过参与班级家委会倡导的活动，看到了孩子身上的成长。孩子在成长变化，家长只有主动学习才能跟上孩子发展变化的步伐。对家班合育有了思想认识上的变化，认识到自己在孩子的教育过程中

家班共育 智慧众筹

既是家庭教育者，也是孩子成长的支持者，更是学习者。

2. 家长在班级教育活动中，可以做自愿的活动融入者、积极的组织者和决策的参与者

在本次教育过程中，家委会起到了非常大的作用，与班主任一起探讨、一起策划、一起决策。家长深切地感受到在孩子的教育过程中，家长是可以有主动作为的，可以成为自愿的活动融入者、积极的组织者和决策的参与者。家长在班级教育活动中主动参与的积极性得到极大的提升。

3. 家班合育的目标是为了所有孩子更好地成长，同时也促进家长的成长

在整个教育过程中，家长学会了对孩子的教育要讲究合适的方式、方法和策略，单纯的批评、指责没有用。如和孩子一起收集、整理特殊孩子相关的内容，与孩子一起听讲座，一起参观、服务"阳光之家"。在这个过程中家长有了触动，认识到对所有的孩子都要有理解、包容的心态。只有深切体会到这类"特殊"孩子的不易，才会在情感上愿意理解他们，帮助他们。家长在参与班集体的教育过程中，也是在成长，自身的教育理念得到了提升。

（三）班主任专业化素养的提升

在整个教育活动中，作为班主任的我在家校沟通策略、活动设计、组织协调方面都有了较大的成长。同时我深切地感受到家长在与班主任老师协同开展学生教育过程中起着非常重要的作用。"育人为本，德育为先"。班主任应充分发挥好班级家委会的作用，与家长共同探讨，通过怎样的方法对孩子进行好的品行的教育，让家长参与决策，运用集体的智慧从思想到行动上对学生进行全方位的教育指导。同时班主任要善于调动家长的积极性、主动性，提升对家长的指导力。

六、结束语

苏联著名教育家苏霍姆林斯基说："最完备的教育是学校与家庭的结合。"的确，学生在学校里的一切问题都会在家庭中折射出来；同时，学校教育过程中产生的一切困难的根源也都可以追溯到家庭。家庭教育不到位，不仅会抵消学校教育的效果，还会给孩子的发展造成一定的消极影响。而学校教育需要有高度的教育学素养的学生家长的配合，不然，学校教育也不会达到完满的效果。因此在对学生的教育过程中，只有学校教育与家庭教育紧密结合，发挥各自的特长，互补不足，形成育人合力，才是促进学生健康、和谐、全面发展的最有效途径。在此过程中，家长们在家庭教育方面的理念、班主任专业化的素养也同样能够获得提升，从而促进学生、家长、教师的共同成长。

指尖上的方便，家和校的远离

上海市时代中学　李欣航

一、师者心语

家长对于班主任的理解和信任是班主任顺利开展家校共育的坚实基础，对于原本就比较脆弱的家校关系，微信、"晓黑板"的使用有可能会让家校关系变得紧张。作为班主任要在建立起家长对自己工作理解和信任的基础上，合理使用微信、"晓黑板"，促进家班共育。

二、教育之问

问题君：方便的微信是否会助力家班共育？面对"繁忙"的家长，以及他们"侃侃而谈"的微信留言，作为班主任该如何应对？

三、事件描述

我校是一所寄宿学校，晚自修时，同学们统一在教室完成作业，每个教室由一位老师值班。Z 同学从入学第一天开始就没有完成过当天的作业，他晚自修的常态是：发呆、玩笔、半个小时只写几个字。对于值班老师的提醒置若罔闻。这样一种状态导致的结果当然是几乎一门功课也做不完。而与此同时，Z 还特别喜欢管别的同学的事情，别的同学有什么情况，他记得很清楚，一旦他自己有什么不守规则的情况，他的回答先是"我没有做过"，一旦有同学证明他做了不对的事情，他又改为"我不记得了"。

六年级第二学期，期中考试后不久，发生了 Z "偷偷"把劳技课老师教具（绳子）放进自己的口袋。班上有一位同学当时看到就提醒了他把绳子还给老师。他没有听。同学告诉任课老师后，老师询问他时，他回答"不知道，不记得了"。同学把过程说了出来，Z才把绳子拿出来。我知道这件事后在晚值班休息时找了Z了解情况：

Z很困惑地说："老师，我也不知道自己为什么拿这根绳子，我拿它干什么呢？""老师，我也觉得自己很不对劲儿，会骂人，会自言自语。我觉得压力很大。"我问："什么压力？""家里最近出了一些事情，我孃孃生病了，爸爸在医院照顾。"我回答："那是蛮辛苦的。你爸爸妈妈也很辛苦。"他眼泪下来了，"妈妈在家里几乎不跟我讲话，她从我二年级开始就玩游戏了，每天在家手机不离手。爸爸脾气不好，动不动就发火……我很压抑，家里也没有人可以沟通。我觉得只有奶奶和李老师是最关心我的，我最服的是奶奶和李老师……我孃孃生病了，奶奶很辛苦，奶奶的白头发也多了好多。"我说："所以你不能再这样浪费时间了，要动起来，小步子，慢慢来。"Z还说了妈妈在车间上班玩游戏被抓，爸爸找人通关系；爸爸妈妈最近一次吵架的事。还告诉了我父母不满意老师的管理，说老师管得太多，如自修课为啥不能讲话，等等，还觉得学校的作业特别多。

我将Z写的"绳子"事件的概况拍了照片发了微信给Z爸，并且微信告知："孩子同学关系也比较紧张，可能与他的行为，比如有意无意地招惹同学，有时会骂同学脏话，也有无中生有地说同学拿了他东西，课上自言自语聊游戏等有比较密切的关系。"

Z爸回复："具体情况我知道了。他记性是不好，在家里也是这样，前面说过的话马上就会忘记。至于同学关系紧张他自己是有责任，但是老师能不能在关心同学相互帮助方面强调一下？这也是素质教育的一方面，一味地孤立、排斥只会起到不好的效果，我不相信你的开导教育学生会无动于衷。"

我回复："您可以和孩子了解一下，我是如何做同学工作的。我还引导孩子，父母工作很辛苦，要多理解。有什么可以和李老师沟通，李老师会尽力帮助你的。也正是担心孩子问题越来越多，才及时告知家长，及时跟进。"

四、师者思语

很显然Z家长对于我反映的"孩子同学关系紧张"认为是"孩子被孤立、

被排斥"。于是我约了Z父母在方便时来校面谈。

在约谈Z家长前我也从Z本人和其他同学那里了解了是否存在Z被孤立、被排斥的情况。

Z自己没觉得和同学们的关系有多紧张，Z说班长、学习委员等小干部都很关心他，没有人瞧不起他。

宿舍同学在他乱叫时提醒他，如果他说游戏，会告诉他不要讲了，几乎没有同学和他一起扯游戏话题。Z在宿舍挂断其他同学家长的电话。如果Z要参与一起背书，他们都是积极欢迎的。

同学们在被Z骂脏话时，没有回骂，及时告知值日班长记录。Z无中生有说同学拿了他的东西，结果一会儿就在自己的书桌里找到了，同学只是觉得很委屈，并没有责怪他。客观地讲，同学们很包容Z。老师们也一直强调不可以瞧不起别人，要友善。

Z家长如约而至，情绪激动，首先说自己的孩子很热心，并且多次强调中国人就是好奇心重，所以Z这么大的孩子喜欢管闲事很正常，他经常忘记东西放在哪里，回执等不带回家，是因为他的儿子性格大大咧咧。至于他的儿子拿老师的教具，那一定是他对绳子产生了好奇心，所以才拿的。还提起我之前微信和Z家长反映的"Z说同学是孙子，他是老子"那只是"小孩子开的玩笑"。对于每天大量拖欠作业、双休日作业更是不做，他们的说法是"我们只要求孩子快乐、健康长大，我们对孩子的学习没有要求"。"我们这样一个热心、善良的孩子，难道就因为成绩不好而被孤立吗？"

我平静、耐心地听他们讲完，没有针对他们的观点一一"纠错"。我先是询问："是什么让您觉得孩子被孤立、被排斥？"Z家长说："不是老师你说孩子的同学关系紧张吗？"我接着又询问："孩子有和你们反映在学校同学孤立、排斥他吗？"Z家长说："我们孩子没有说过，他说在学校一切都好。"我耐心地把了解到的情况告知了Z家长，并再次告知Z会有意无意地招惹同学，有时会骂同学脏话，也会无中生有地说同学拿了他东西，课上自言自语聊游戏等，以及同学对他的不计较和包容。Z家长基本知道了老师说的"同学关系紧张"是因为Z的行为对同学造成了影响和困扰，而不是他们理解的"被孤立、排斥"，他们激动的情绪也平复了许多。

五、我的小结

（1）微信的确在传递信息方面很便捷，学生的作业、卷子、反思照片一拍，轻按发送，消息就传递给家长了。可是，作为班主任，我们必须要了解家长，不是每一位家长都愿意经常收到这样的信息，并以积极的行为配合老师一起进行教育。对自己孩子"束手无策"的家长，接受得再及时的消息，他们也很难"及时"地跟进。微信有时不仅不能达到预期目标，还可能因为这些"及时"的消息让家长产生不满。

（2）必要的面谈是微信所不能替代的。由于家长对微信的片面解读，再加上自己的想象，很可能会产生不符合实际情况的认知，这些偏离实际情况的认知可能会成为家校矛盾的源头。班主任在确定面谈前要仔细阅读之前与家长的微信沟通留言，预测突破点和矛盾集中点。抓住这两点充分准备，心平气和、条理清楚地与家长沟通。最好避免面面俱到，急于纠正家长的错误认知，从而导致家校矛盾升级。

（3）尽量避免在微信中与家长不必要的争辩。如果遇到被家长误解甚至指责，班主任老师的情绪很可能受到影响，这样的消极情绪处理不好不仅可能会影响工作，也会对自己的健康不益。我们要学会努力调控自己的情绪，用心做事而不是用心情做事。秉着"一切为了学生"，量力而行，尽力而为地做好学生的教育工作。不要因为家长的某些"伤人"言行影响对待学生的态度。

班会课：家班共育的有效载体

上海市彭浦初级中学　陈　敏

一、案例背景：基于班会课的现实诉求

各校在每周五都会安排校班会课。班会，是班主任根据学校要求并结合本班实际情况而开展德育教育的一种方式。如果运用得当，既可以发展学生个性，愉悦他们的学习生活，又可以增强班级凝聚力，巩固良好班风。

但在现实生活中，班会课的利用率却不高。它可能被任课老师所占用，可能被班主任用来讲评作业、下达通知等，就算偶尔使用也变成了针对班级问题或者个别同学的"批斗"大会。最常见的形式是班主任对学生进行"单向式"信息传输和"轰炸式"说教，因此学生们认为日常的班会课形式单一，内容平淡，没有思想启迪和情感共鸣。主题班会无法体现出它本应有的活力、张力和德育功效。

在时代推动下，为了更好地教育本班学生，教师需要转变观念，创造新的载体与家长密切沟通，营造"家班共育"的气氛，实现共育共赢。

基于此，我开始思考让班会课成为家班共育的有效载体。既能解决班会课千篇一律的单一形式，又能使学生真正有所裨益，达到家校沟通的效果。于是在一节班会课上，我邀请了一位班级家长共同参与。

二、案例呈现：基于学生经验的有效性思考

责任与意识是每个进入初中的学生都应该学习的一课。在这节班会课上，我热情地介绍了来给我们做讲座的家长，学生们兴奋不已，掌声雷动。我声音铿锵有力，在一句"今天我们班会课的主题是责任与意识"之后，屏

幕上便缓缓出现了这五个红色大字。但学生刚看到这个标题就有些犯难，他们眼中闪烁的目光投向我，尽管家长准备了精美的幻灯片和丰富的活动，兴致勃勃地讲述着自己在工作中的责任意识，但还是有不少学生现出了困倦疲乏的状态。他们的眼睛不自觉地向窗外望去，手上不停地摆弄着自己的文具，心思也早已涣散。最后他语重心长地道来："同学们能毫无怨言地承担并认真完成自己的工作，这就是责任的力量。你们虽然没有工作，但是作为学生，你们最基本的责任是什么呢？"学生们心不在焉，终于小声嘀咕了句"学习"。

分析：班会课多以活动为载体，学生总以为这节课应该是载歌载舞的形式。当事与愿违时，学习积极性便下降，态度消极应对，不想听取说教式的主题班会。案例中虽然班主任声情并茂，连同家长一起讲述自己工作中的责任与意识，但这个话题过于宽泛和抽象，学生难以体会与感悟成人的工作经历，不能达到预期效果。

三、解决策略：基于问题解决的行动路径

1. 利用班级教育资源，串联班会课主题

根据班级的学生信息表、自我介绍和平时与家长的沟通，我们能了解学生的大致家庭背景和生活习惯。这些信息能帮助教师了解家长的工作、教育思想、培养目标等。家长们不同的工作性质和工作内容，只要班主任善于利用，都可以为班集体教育和班会课的开展提供宝贵的教育资源。

经过一段时间与我班家长们的密切沟通，我了解到大多数孩子的家庭条件优越，且有4个家长从事的工作如出一辙，即项目策划经理。我灵光一闪，这就是我们班的教育资源了！我分别把各阶段学校的各项安排和内容告知从事策划工作的4个家长，每人负责策划3—4个月份的主题与内容形式。没想到他们欣然接受，并且不断地与我沟通，力求完善方案。而后再由我统筹把这些内容串联如下，形成了我们自己班级文化的特色建设（见附表）。

2. 家校联手，共同研制班会课目标

班会课既然成了家校共育的一个载体，那么课程目标的制定也需要家长们的参与。只有在落实了具体课堂要求后，才能实施对应的活动设计。并且我们可以发现，随着生活水平的不断提高，越来越多的家长拥有高学历，他

们对培养孩子也很有心得。教师可借此契机和家长们联合商定每一节主题班会课的目标，并落实适当的活动。

在初步形成了班会课的主题之后，我邀请家委会成员就这份方案一起商议。没想到一石激起千层浪，家长们纷纷叫好，对出谋划策的几位"策划员"感到钦佩与感谢。同时，也有更多的家长表示愿意参与到课堂活动中，与孩子们共同体验这些主题班会。通过家长们的报名和家委会成员的名单统计，按年龄分为祖辈群（25%）和父母群（70%）。按职业分为全职妈妈群（13%）、教师群（11%）和商务精英群（54%）。确定2月和12月是祖辈群，9月和11月是教师群，3、4、5、6月是全职妈妈群，10月是商务爸妈群。同时在班会课中我也会适时介入，统一协调课堂纪律和进度，协助孩子们和家长更好地完成各项活动。

3. 产生共鸣，立足学生实际选材

主题班会应该从学生身边找原型，以班级或者学校开展的具体活动为依托，要让学生看得见、摸得着，这样学生才能有真情实感。因此主题班会选取材料一定要短小而实在，着眼点也要小而实。

如今正值11月，我校正如火如荼地开展着英语学科节的活动，学生们激情澎湃，热情洋溢，积极踊跃地报名参加各项英语活动。其中针对预备年级的一项活动是"你说我猜"：把所看到的短语转换成自己的话用英语描述给另一位学生，直至对方猜出正确答案为止。因为学生们以前没有接触过，所以他们不断地在课下交流、排练，力求在比赛中脱颖而出。虽然学校的学科节有很多，每项学科节也有不同的内容和参赛对象，但是我们就最近最新的活动为例，展示给学生英语的另一面，不再仅限于背诵和默写，而是也有可爱的一面。同时以赢得比赛的同学为榜样，分析他们成功背后的原因，告诉学生熟能生巧的道理。鉴于活动的选取是近在眼前正在发生的事，人选的确定是本班的同学，同学们听起来更有代入感，达到了班会课的实际育人目标。

四、成效与反思

如今的周五不仅标志着周末的到来，也意味着同学们能在实践中体验班会课，获得真知。不仅我们班的孩子们，就连家长们也在期盼着周五的到来。他们到来时不再是垂头丧气，不用担心是来校面对老师谈论孩子的问题；他们的到来也不再忧心忡忡，不再忧虑孩子的在校表现存在很多不足。家长们一改"阴霾"的脸色，欢喜地到课堂上为班级的每一个孩子开展活动，并且很满意每节课上孩子们的收获。课后和老师们也相谈甚欢，真正达到了"幼吾幼以及人之幼"。

思考：共育过程中选取的方法可以不同，但目标却是一致的。班主任要更加深刻地挖掘班级同学家庭的差异性，把这些差异转化为班级的教育资源，使孩子们受益，真正为家校共育助力。

附：

班级特色文化建设

月份	主题月名称	建议活动	班会形式
1月（寒假）	/	/	/
2月	公益活动感恩月	庆祝春节，写春联，剪窗花，体验元宵文化之旅	浸润体验式
3月	文明礼仪践行月	学雷锋系列活动	模拟扮演式
4月	传统文化弘扬月	体验清明文化	专题报告式
5月	遵纪守法规范月	端午节系列活动	专题辩论式
6月	艺术活动展示月	校园艺术节展示	浸润体验式
7、8月（暑假）	/	/	/
9月	理想信念激励月	开学第一课，开学典礼的观摩	实话实说式
10月	阳光体育活动月	沐浴在体育活动的喜悦中，与阳光互动	模拟扮演式
11月	学科素养体验月	感受学科节的魅力	咨询答疑式
12月	自我发展总结月	辞旧迎新活动	实话实说式

美味美心　美美与共

——以学生家务劳动为主题的家班共育活动

上海市回民中学　徐洁岚

一、初次尝试，美味引路

在一次年级家长会上，我向全年级的家长发起现场调查。问题一，您希望您的孩子在家里做家务吗？全场近200名家长都举起了手。问题二，您希望您孩子未来的婚姻伴侣会做家务吗？所有的家长都笑嘻嘻地举起了手。问题三，您的孩子现在做家务的时间在平均每天10分钟或每周1小时以上吗？笑容在家长们的脸上退去，全场仅有20多位家长举起了手。既然家长们希望孩子做家务，为什么现实中孩子却没有做家务呢？引起这对矛盾的原因究竟在哪里？

我带着这两个问题在班级中分别针对学生和家长进行了调研。首先，我组织学生开展了一次关于家务的主题班会。面对内务整理，学生们笑称："自己在家里没有机会做。"他们还互相爆料："佩奇（化名）从来不在宿舍里洗袜子，他的衣服袜子全是周五带回周日换新。"之后学生感叹："内务做得最多最好的时间是在军训期间。"相比之下，学生们对烹饪美味兴趣十足，有3位同学自称是厨房小能手，大部分女生对甜品制作津津乐道，男生们则抱着新奇的态度想在家里尝试一番。随后，我在家长群里和家长们沟通，希望家长们能在周末帮助孩子们共同完成一项家务活动。一些家长就开始推脱起来："还是要以学习为主""太耽误孩子时间了""我们要出去上课的"……

至此可以发现，孩子们具有好奇心、喜欢挑战新事物，他们在选择家务时愿意尝试没做过的烹饪。同时，他们缺乏持久力，不愿意承担自己力所能及、日常重复的家务。另一方面，家长们虽然明白要培养孩子独立生活的能力，但在家长们眼里学习是头等大事，他们认为做家务就是在浪费孩子学习的宝贵时间，不愿意放手让孩子去做。

二、改变观念，重视劳动

要想改变家长的想法，就要让家长先看到劳动与未来成就的关系。我在家长群里转发了一个哈佛调查的研究结果：爱做家务的孩子和不爱做家务的相比，就业率为15∶1，收入前者比后者高20%，而且婚姻更幸福。家长们看后有些触动，一位家长说："我很清楚应当适当放手，给孩子们创造一个独立发展的空间。但实在不忍心看他们学习那么辛苦，还要去洗碗刷锅。"我引导家长关注这个帖子的内涵：在劳动中，孩子们可以获得行动力，可以体验完成任务时的喜悦，可以增强面对困难的力量。

趁热打铁，我又在家长群转发了一个视频。视频中一个13岁的男生控诉自己的母亲逼迫他做家务。他的母亲回应道："生活也是学习的一部分，家务劳动会锻炼你的动手能力，同时还会让你培养感恩之心，更会让你有耐心、有爱心。妈妈希望你成为一个真正有担当、有责任感的男人。"这位母亲的一席话打动了不少家长。家委会的一位成员和我说："老师，你想得比我们更远。谢谢你能关注孩子未来的发展。"

随后，班级家委会的5位成员给了我非常大的支持。他们在班级群中把自己和孩子的故事分享给其他家长，以自己为人父为人母的真实想法来感化其他家长："以前我也不愿意让孩子插手家务。从孩子的学习角度考虑，我不愿浪费他学习的时间。但久而久之，我发现孩子没有了责任心。所以我必须学会放手，让孩子去做他力所能及的事情。"

班级的其他家长在与家委会成员的沟通中也慢慢改变了自己的观念。他们开始意识到家务劳动可以作为孩子们学习之余的一种调剂，可以作为一种替代智能手机的休息方式。而家务劳动的实质是让孩子们学会享受自己的劳动成果，创造美好的生活，拥有美好的心境。

三、制作美味，感受美心

在班级家委会的鼓励下，所有家长的积极性都被调动起来。借着这个契机，我结合学校的民族特色，给孩子们布置了一项新任务：制作回族特色点心——油香。活动伊始，我和家委会成员一起探讨活动的形式，并决定借助互联网进行线上线下的互动展示。

为了让大家都清楚油香的制作过程，小怡同学自告奋勇为大家做示范。她来自一个回族家庭，父母经常在节日里做油香。小怡同学在父母的协助下经历了购买材料、和面、发面、煎炸等一系列制作过程。她为大家提供了制作油香所需的素材，并用文字记录了制作油香的详细步骤。为了让同学们更好地理解制作过程，小怡同学的父母还特地和小怡一起录制了一个制作油香的视频。小怡同学还在班级群里特别强调：不要看网上的制作步骤，那些不合理。

在随后的那个周末里，班级学生的QQ群里炸开了锅。"2克酵母粉是多少？""面团要发多久？""大家看看，我的面团发好了吗？""我的油香已经出锅啦，哈哈哈！"……孩子们还通过QQ群讨论制作过程中出现的各类问题。小怡和她的家长一起热心地给出解决方案，帮助小伙伴们攻克难关。在孩子们劳动的过程中，我看到了他们身上散发出来的青春气息：他们能积极地面对挫折，会迎难而上地想办法解决问题。这些都是在劳动教育中产生的优秀品质。

同时，班级家长群里也充满了欢声笑语："来我家尝尝油香""坐等开饭""今天请客，油香管饱"……家长群的视频中，孩子们像模像样地打蛋、和面、擀面、煎炸。那些金黄色油香的照片让我垂涎三尺，也让群里的每一位成员感受到了孩子们浓浓的热情。

这次活动非常圆满。孩子们通过自己的动手劳动获得了美味，心中美滋滋的。家长们品尝了自己孩子的手艺，心中愉悦之情难以言表。此时此刻，相信每户人家的大人和孩子都在香气四溢的厨房里进进出出，感受着美味给家庭带来的暖意。其实做饭和吃饭本身都是极具仪式感的，因为食物本身就在传达一个信息：我们是一家人，我们在一起。

活动后有家长在群里表示："学校现在能这样为孩子成长考虑，最终受益者真的是我们自己的孩子，谢谢老师！"这句道谢发自家长肺腑，感动我的内心。我感动于家长们对我教育上的认可，感动于家长们在观念上的改变，感动于家长们真正意识到劳动教育对孩子们树立劳动价值观的重要性。在孩子们的成长过程中，家庭教育、学校教育是需要共同携手的两股力量。这两股力量只有互相扶持，才能美美与共。

四、形成课程，各美其美

"美心美味"活动背后的核心力量是劳动价值观。孩子们在活动中清楚地感受到美味来之不易，劳动产生价值。然而，本次活动有一个缺陷：这是一次独立的活动，在学生的日常生活中不具备持久性。在当下，哪些家务是日常生活中孩子们力所能及的呢？家长是否愿意配合学校共同培养学生做家务的习惯？带着这两个问题，我组织班级家委会成员进行讨论。他们和我分享了他们的育儿经验，我更清楚地了解了孩子们在家里的生活状况。

最终，我们达成了共识：首先，要对家务进行分类。每个孩子已有不同的生活经验，他们做家务的能力参差不齐。所以家务任务单最好能给出分层任务，以适应不同孩子的成长需求，从而实现各美其美的育人目标。其次，要对"力所能及"进行界定。大家共同认为力所能及的家务是指学生日常生活中容易做的、必须做的、不用花费大量时间的家务活动。最后，要让家长更新观念：即使在孩子学业特别忙的时候，孩子该坚持自理完成的家务也绝不代劳。

在此基础上，家委会成员给班级的全体家长发出倡议：我们应该放手，让孩子亲自实践。让孩子们在劳动中感受生活的来之不易，了解、体谅父母长辈为家庭的付出；让孩子们在实践中懂得尊重劳动，学会感恩。

班级家委会还给班级的全体同学制定了三级家务任务单。家务任务单为全体家长提供了一份明确的行动指导。家长们在监管的时候发现一些懒散的学生还是无法完成所有的必做内容。于是，我鼓励孩子们把这些习惯坚持下去，因为未来的梦想都是靠自己亲手去创造的，没有坚持，如何追梦？

此外，家长们在执行后发现原来自己还不够了解自己的孩子："原来我的孩子在购物时能清楚地进行取舍""我的孩子喜欢动手组装家具""我的孩子喜欢制作点心"……

孩子们在学校里的习惯也渐渐有了变化：教室里的课桌开始变得整洁了，作业本上的字迹开始变得端正了。家务劳动教育的成效慢慢地呈现在了孩子的学校生活和学习习惯上。孩子们开始理解"学习也是一种劳动"，只有通过自己的努力，才能创造学习的价值，获得更好的学习成绩。每个孩子的点滴成长汇聚了各美其美的力量，也让整个班级充满了前进的动力。

五、回顾启示，美美与共

1. 学生发展的优化

美心，是孩子拥有劳动技能后那一份美好的心情。虽然学科学习是学生发展的重要组成部分，但不是唯一的部分。事实上，德、智、体、美、劳缺一不可。通过家务劳动让孩子们懂得劳动最光荣、劳动最崇高、劳动最伟大、劳动最美丽的道理，进而明白只有通过自己的劳动，才能追逐自己的梦想，才能让自己的生活更幸福。

2. 家庭教育的优化

美心，是家长看到孩子成长时那一份甜蜜的心情。家庭教育对孩子的一生起着奠基作用。家庭教育不是靠听讲进行的，而必须要落实于行动中。家长们在落实了基本的家务之后，还可以进行新形态的、多层面的劳动教育，如让孩子陪祖辈聊天、让孩子布置一次节日装饰、让孩子制作一份家庭出行计划，等等。孩子们在这些实践中，通过亲手劳动创造了自己更满意的生活。这也是一种对生活的积极态度。

3. 教师教育的优化

美心，是班主任得到家长积极支持后那一份温暖的心情。在班级家委会的积极配合下，班主任制定了适合本班学生的家务任务单。通过家校互通，班主任可以找到更好的方式方法来优化教育过程。

4. 家班共育的优化

美美与共，是班主任的专业引领与家庭的积极支持所汇聚成的一股力量。班主任要善于发现学生的问题，追究问题的源头，再运用自身的专业知识对症下药。班级家委会发挥着"药引"的作用。他们既能支持学校教育在家庭中的延续，又能从家长的角度来协助班主任分析问题，还具备向所有家长辐射的正能量。班级所有的家长是家校共育的核心力量，借助班主任和家委会成员提供的有效策略，他们最终把劳动教育落实到每个孩子的成长过程中。

负责是现代公民的基本素养，也是孩子社会化最重要的品行，责任感的家庭培养是其他教育无法取代的，没有承担责任的经历和体验，孩子的责任感难以形成。家庭教育不仅是学校教育的延续，更是孩子成长过程中不可或缺的一部分。虽然每个家庭不同，每个孩子也不一样，但是我相信只有家校目标一致，才能共育出主动追求人生幸福的孩子。

参考文献：

［1］黄陈怡文.哈佛调查：从小爱劳动的孩子，长大更有成就［EB/OL］.（2016-4-30）https：//mp。Weixin。qq。com/s/CZJnbg_j973qShxmMRWKRA.

［2］首都教育.孩子当众控诉被母亲"逼"做家务，母亲的回答却赢得阵阵掌声［EB/OL］.（2018-8-2）https：//mp。Weixin。qq。com/s/vDIeNGYcF_mOkv8ZEqtgbA.

附：

家务任务单

第一级：每日必做款			
序号	项目	所需时间	具体内容
1	整理床铺	2分钟	每天起床后，将自己的被子叠放整齐，将自己的床铺平
2	摆放碗筷	2分钟	饭前，为家人盛饭，摆放好碗筷
3	收拾碗筷	3分钟	饭后，收拾碗筷，放到指定位置
4	整理书桌	5分钟	完成学习后，整理好自己的书桌，保持整洁
5	清洗衣物	5分钟	清洗自己每日更换的贴身衣裤袜

家长的希望：
这些家务活都是每天要完成的，希望你能坚持下来。这些家务如食材中的盐一般，虽然简单，却是必备品。相信你在实践中能感受到生活的点滴美好

家班共育　智慧众筹

左侧竖排文字：

共智汇

——上海市班主任带头人吴晓云工作室建设『实』录

第二级：每周必做款			
序号	项目	所需时间	具体内容
1	整理房间	20分钟	整理书桌，保持书桌整洁 扫地、拖地，保持房间地面整洁 整理房间，保持窗明几净

家长的希望：

这些家务活需要你在周末完成。舒适的环境能带给你更好的学习状态。希望你通过自己的劳动来获得最舒适的生活环境，并珍惜这份来之不易的美好

第三级：生活探索款			
序号	项目	所需时间	具体内容
1	购买物品	30—60分钟	和父母一起去超市、集市购买生活所需用品
2	美食烹饪	30—60分钟	和父母一起烹饪食材，享受美味
3	家具摆放	不定	和父母共同设计家具的摆放位置，改善家庭环境
4	辅助维修	不定	辅助父母进行一些维修，如换灯泡、修门锁等
5	照顾弟妹	不定	长兄长姐可以替父母照顾家中幼儿。独生子女可以在节假日家庭聚会时照顾家族中的弟弟妹妹

家长的希望：

我们知道你的学业负担很重，但我们还是希望你能参与到更多的家庭活动中。我们可以一起做一些你感兴趣的事情，分享我们彼此的观点

千里走单骑　润生细无声

——以家访促进教育实效

上海市崇明中学　蒋飞斐

　　我们班是内地民族高中班，全班37名学生均来自新疆，他们初中毕业就要独自来到一个新的环境，开启4年的高中学习生涯。平时经常有家长以电话或者微信的形式来了解学生的学习和生活情况，但我觉得最能体现家庭和班级共同促进学生发展的途径，还是要适时家访，与学生家长进行面对面的沟通交流。

　　我们的学生远离自己的家园，对他们来说学校就是第二个家园，班主任就是他们的家长；此外，新疆与上海两地的教育水平有一定的差距，如何缩短各个地区学生教育上的差距，促进民族教育的实效性也一直是值得我们探索的问题。我们的学生一年只有一次长假可以回家，在真正和家人团聚后，他们在家的学习态度、生活态度，他们父母对其教育的重视程度，等等，都是我们作为班主任想了解的，通过家访就可以熟悉学生的基本情况、家庭的学习环境，了解父母对学生的期望、将来的预期和发展方向，这样才能更好地把学校教育和家庭教育紧密地结合起来，收到更好的教育效果。

　　因为新疆比较远，我只能利用暑假到新疆接学生返校的时候，提前去进行家访，即使到了乌鲁木齐市也要事先规划好路线，因为从北疆到南疆的火车就需要24小时，每次去新疆家访，我都喜欢独自一人背上行囊，时而包车时而火车时而徒步地开启我的家访之旅。

家班共育　智慧众筹

一、案例概述

赛比努尔是一个阳光美丽的维吾尔族姑娘，也是学校新疆部街舞社的社长，她性格开朗，组织协调能力强，从预科进来就一心组建街舞社。经过3年的努力，她把街舞社搞得有声有色，无论是大小演出还是各类比赛，只要她登场都能完美收官，是学校的一个小明星。唯一美中不足的就是她的学习成绩总是处于班级中下等，为此我也找她谈过很多次，与任课老师也交流过，她也信誓旦旦地保证"一定努力"，但总是收效甚微。任课老师也向我反映，她的接受能力和学习水平完全应该在班级中上等位置。今年就要高三了，即将面临高考，于是她便成了我假期家访行的第一个对象。

赛比努尔家就在乌鲁木齐市区，我利用8月底接学生返校的机会，来到她家进行家访。我提前和她联系好时间，一开始她有些担忧，在我的耐心分析说服下，她便欣然地接受了。家访当天，她让我到达指定的路口之后来接我，见面寒暄几句后便把我领到她家，路上跟我说千万别提考试成绩之类的事情，我想这就是她的软肋了。她家在10楼，进门一看装修得非常别致，家里干净整洁，维吾尔族风格的家具让人赏心悦目。她父母都在家，父母都是退休职工，有一个哥哥是警察，嫂嫂是小学教师，还有一个小侄女刚上幼儿园，一家人看上去幸福美满。

她父母非常热情地接待了我，邀请我坐下，然后亲自拿一个铜壶和铜盆一边把温水淋于我手上一边拿铜盆在下面接水，洗完后还递来毛巾让我擦手，那天正值他们的古尔邦节，她父亲得知我去家访，还特地烧了手抓羊肉、面肺子等食物来招待我，茶几上也摆放着十几盆干果点心，真有种敬如上宾的感觉。

随后我便跟她的父母简单描述了一下她在学校的情况、各方面取得的成绩。交流中，我感觉到在她心目中父亲是占绝对主导地位的，只要父亲一发话，她立马唯唯诺诺，相对她与她母亲更亲近一些，母亲也会多了解一些她平时的情况。从访谈中我获悉，她属于报喜不报忧的类型，对于学习成绩方面的父母知之甚少，她也一个劲地冲我使眼色让我不要暴露太多她的学习情况，免得父母不开心，我也尽量帮她掩饰一些，因为在我的印象中，她属于好强的学生，给她一个台阶下，她会懂得奋发努力的。

在和她母亲的访谈中，我了解到平时上课期间，应该统一上交的手机她会偷偷私藏着的情况，晚上有时会看到很晚，导致影响第二天的学习状态；一旦学校有什么活动，她都是抛开一切全身心地投入进去，那时候心思也会不放在学习上；而她的暑假也安排得相对有条不紊，大部分时间会在学习中度过。

我还把学校里作息、饮食、管理制度等简要地和她父母讲解了一下，他们表示很满意，很放心把孩子托付给我们。最后我询问了一下她想报考的专业，她父母也很尊重她的意愿，她想考传播学类的专业。我还当着她父母的面对她高三的学习提出了要求和希望，她也在他父母面前保证一定按照学校要求的做，高三奋力拼搏一年，争取考上一所好的大学。

二、目标与思路

1. 目标

通过最传统的面对面的访谈，增进远在几千里外的家长对学校的了解、对学生日常学习和生活情况的了解，父母老师一起敦促学生健康向上地成长，争取在双方激励下提高学习成绩。

2. 思路

在少数民族家长前细细讲述教育的方向，高考政策的转变，学校是如何按照要求执行国家政策的，让学生享受政策的红利，让学生家长敦促学生好好把握机遇，珍惜学习机遇。

强调家校合作的重要性，将家长信息与教师信息互通，避免死角与误区。引导家长察觉学生情绪，接纳学生情绪，父母不在身边可以和教师表达情绪，促进学生心理健康成长。

三、实施过程

1. 落实传统家庭教育指导，完善家访工作

学校每学期要求班主任进行家访，新疆部也不例外，虽然现在新的通讯方式方便快捷，但是依然无法代替传统的面对面访谈，了解学生家庭情况、家庭教育情况，和家长交流熟悉，特别是对陌生的家长，当面访谈更加真情实意，双方的表情细节更能快速地交心、交流。

2. 民族团结教育融入家庭教育指导

我校长期坚持不懈开展民族团结教育并把其融入家庭教育指导中。在家访过程中，这点是必须要在家访过程中与家长沟通指导的。唯有安定繁荣的时代，学生才能心安神宁地投入学习中。

3. 利用学生心理特点，促教育实效

新疆的学生独立、自理能力强、不娇生惯养，但是自觉、自律性比较差，他们有一个优点就是尊重自己的长辈，即便是远在千里之外也会非常遵从父亲的话。维吾尔族可能从小就很注重家风的培养和家庭建设，这就是一个非常好的教育契机，我们通过家访就可以根据学生的问题，有针对性地深入浅出地和家长沟通，互相探寻解决问题的办法，或许老师说十遍他们都不会听从的话，只要父亲轻轻地说一句，他从此便不会再犯。

4. 生涯教育融入家访

生涯教育对新疆的家长来说可能比较陌生，但和他们说就是让学生提前规划自己的未来，他们便明白了，也非常感激学校和老师有这方面的教育。因为他们平时不在学生身边，对学生实际情况不是很了解。在校期间，我也对班级里每位学生进行过霍兰德职业测试和多元智能测试，让学生对自己的兴趣爱好、职业倾向、职业愿望等有所了解，再根据实际情况报考自己希望的专业，家长对我们这方面的教育非常赞同，因为他们自己也有些迷茫，他们想多听取学生自己的意愿，但又担心他们的意愿不成熟，影响将来的发展。通过生涯教育可以帮助家长对学生今后的发展方向有所了解，也对我们面面俱到的教育工作更加信任，有了家长的全力支持，这对促进我们对学生的教育实效起到了重要的作用。

四、成效与展望

我们承担着新疆学生各方面的教育工作，但是最终决定他们命运的还是一纸高考试卷。我始终认为学习成绩在学生的教育中不是最重要的，但绝对是能起决定性作用的。所以我一再敦促学生一定要巩固好各学科的基础知识，这样今后才有提升的空间。

经过此次家访后，新学期一开学，赛比努尔同学就积极投入高三第一轮紧张的复习中，主动上交了手机，眼神也变得坚定了许多。英语老师不止一

次地跟我提起她，说她很有潜力，一定会好好培养她。让我觉得维吾尔族姑娘能坚定信念、说到做到的个性很值得我们本地的学生学习。后来在高三第一阶段测试中，她从原来的25名一跃上升到11名，她的提高很让周围的同学惊讶和羡慕，大家纷纷投入高三复习中，赛比努尔同学的进步对全班起到了很好的辐射带动作用。

以家访来提高学生的教育实效，对于本地学生来说可能作用不怎么明显，但是对于懂得感恩的新疆学生来说，老师抽出时间，不远千里地来造访，是对他们的信任与负责，他们便会以加倍努力来回报你。虽然路途遥远，但还是要一个个访下去，愿我个人的一丝小努力潜移默化润物无声地换来一个学生的大努力。我将不断创新家庭教育工作的方法和途径，为最终实现家校并重并举，共育共成长，促进教育实际效果的目标而不懈努力。